Silvia Regelein

Sprache untersuchen – so klappt's!

Arbeitsblätter für ein gezieltes Grammatiktraining mit Selbstkontrolle

1./2. Klasse

Kopiervorlagen mit Lösungen

BRIGG Pädagogik

Textnachweis:

S. 8 © Silvia Regelein (nach einer Idee von Verena Pfeifer, Montessorischule Kohlern bei Bozen, Italien) Bilder und die ausführliche Originalversion für alle Wortarten: www.montessori.coop

Gedruckt auf umweltbewusst gefertigtem, chlorfrei gebleichtem
und alterungsbeständigem Papier.

1. Auflage 2013
Nach den seit 2006 amtlich gültigen Regelungen der deutschen Rechtschreibung

Illustrationen: Walter Uihlein

ISBN 978-3-8481-**1006**-3

www.brigg-paedagogik.de

Inhalt

Verben

Adjektive

Wortbausteine/Wortfamilien

Sätze

Zusammenfassung – Lernstandsdiagnosen

Einführung

Mit den hier zusammengestellten Kopiervorlagen können Sie Ihre Schülerinnen und Schüler anleiten, bewusst über den mündlichen und schriftlichen Sprachgebrauch nachzudenken. Die Kinder können die Bedeutung und Wirkung von Sprache untersuchen, den Bau der Sprache erkennen und fachspezifische Strategien entwickeln. So erwerben sie mit kindgemäßen und motivierenden Übungsformaten sprachliche Kompetenzen und ein sicheres Basiswissen über grammatische Strukturen.

Gemäß den Bildungsstandards (vgl. Kultuskonferenz: Bildungsstandards im Fach Deutsch für den Primarbereich, München 2005) umfasst der vorliegende Band alle wesentlichen Lerninhalte im Blick auf folgende Kompetenzen:
- sprachliche Verständigung untersuchen
- an Wörtern, Sätzen und Texten arbeiten
- grundlegende sprachliche Strukturen und Begriffe kennen und verwenden

Neu am Material

Optimale Förderung will schnell lernende Kinder nicht ausbremsen, langsame Lerner jedoch unterstützen.

- **Lösungsstreifen zur Selbstkontrolle**
  Damit alle Kinder nach eigenem Tempo weitgehend selbstständig arbeiten und ihren Erfolg sofort überprüfen können, hat jede Kopiervorlage am Rand einen senkrechten, übersichtlichen Lösungsstreifen. Darauf finden die Kinder ohne langes Suchen schnell die Lösungen aller Aufgaben. Vor Beginn der Arbeit knicken die Kinder den Lösungsstreifen einfach um. Zum Überprüfen und Reflektieren der bearbeiteten Aufgaben klappen sie ihn wieder auf.

- **„Sternaufgaben“ für leistungsfähige Kinder**
  Auf nahezu jeder Kopiervorlage findet sich eine anspruchsvollere, aber leicht einsetzbare Zusatzaufgabe mit Stern ☆, die direkt an die vorherigen Aufgaben anschließt und kaum weiterer Erklärungen bedarf. Natürlich können alle Kinder die „Sternaufgaben“ freiwillig zusätzlich zum „Pflichtpensum“ mit dem Basiswissen bearbeiten.

- **Systematischer Aufbau**
  Wenngleich das Untersuchen von Sprache im integrativen Deutschunterricht durchgängig zu berücksichtigen ist, besteht doch die Gefahr, dass manch grammatischer Inhalt zu kurz kommt. Mit diesen Kopiervorlagen können Sie dieses Manko ausgleichen und den Kindern zu einem sicheren Kompetenzerwerb verhelfen.

  Einprägsame Merksätze weisen die Kinder auf grundlegende Einsichten hin, sichern das Verstehen und Behalten der Lerninhalte, regen sie zum kontinuierlichen Anwenden von Fachbegriffen an und helfen ihnen beim Formulieren eigener Entdeckungen über sprachliche Zusammenhänge und Regeln.

- **Lernstandsdiagnosen**
  Jedes Kapitel endet mit einem Test wie z. B. „Das weiß ich über Nomen“, der dem Kind seinen Lernfortschritt zeigt. Das Kind kann den Test zur Selbsteinschätzung nutzen oder Sie können ihn nach Abschneiden des Lösungsstreifens zur Benotung heranziehen.

Weitere Hinweise zum Material

- **Fachbegriffe**
  Von Anfang an werden gemäß den Bildungsstandards weitgehend die lateinischen Termini für die Wortarten verwendet. Nachdem heutzutage schon vierjährigen Kindern ausländische Namen oder schwierige Wörter wie etwa „Brontosaurus“ geläufig sind, ist dies – wie die Praxis zeigt – kein Problem. Zudem hat das einheitliche Verwenden der lateinischen Begriffe für die Kinder den Vorteil, dass sie in den folgenden Schuljahren oder bei einem Umzug nicht umlernen müssen.

- **Symbole und Farben für die Wortarten nach Montessori**
  Maria Montessori bevorzugte ein spielerisches Lernen über die Sinne. Deshalb veranschaulichte sie die Wortarten mit Bausteinen und Symbolen. Eine Liste, die Sie als Merkplakat im Klassenzimmer aushängen können, zeigt die Form und Farbe jeder Wortart, wie sie auch in den Kopiervorlagen verwendet werden. Mit einem Märchen können Sie die Kinder in die Symbole und Begriffe einführen und sie so emotional verankern.

Einsatz des Materials

Die Kopiervorlagen sind lehrbuchunabhängig einsetzbar und geben Ihnen auch für Ihren Unterricht viele neue Inspirationen. Überschaubare Lerneinheiten mit klarem Aufbau und leicht verständlichen, selbsterklärenden Übungsformaten ermöglichen den Kindern ein hohes Maß an selbstständigem Lernen und einen flexiblen Einsatz zum Erarbeiten, Sichern, Üben und Vertiefen

- im Klassenunterricht,
- in offenen Arbeitsphasen,
- als Hausaufgabe, zum „Nachlernen“ bei Krankheit und für Nachhilfelehrkräfte,
- für Vertretungsstunden,
- für jahrgangsübergreifendes Lernen
- und nicht zuletzt für die Vorbereitung auf die bundesweiten Vergleichsarbeiten VERA.

Literaturtipps

Weitere Anregungen zum Untersuchen von Sprache finden Sie in:

- *Silvia Regelein:* Richtig schreiben lernen – so klappt's! Arbeitsblätter für ein gezieltes Rechtschreibtraining mit Selbstkontrolle. 2. Klasse. Augsburg 2011, Brigg Pädagogik Verlag

Wenn Sie die Arbeit nach Montessori verstärkt in Ihren Unterricht einbinden wollen, vgl. dazu auch:

- *Monika Roller:* Kinder entdecken die Wortarten. Eine Grammatikkartei zu den Montessori-Wortartensymbolen mit Kopiervorlagen. Augsburg 2011, Brigg Pädagogik Verlag
- *Franziska Püller:* Im Land der Sprache. Spannende Wortartengeschichten. Grammatik verstehen mit Montessori-Pädagogik. Augsburg 2008, Brigg Pädagogik Verlag

Liebe Kollegin, lieber Kollege, ich wünsche Ihnen und „Ihren“ Kindern viel Erfolg und Freude bei der Arbeit mit meinem Material.

Silvia Regelein

Zeichenerklärung

Zusatzaufgabe

Merke

Das Märchen von den Wörtern

Im weiten, unsichtbaren Land der Wörter herrschen König und Königin Nomen. König und Königin Nomen tragen immer einen feierlichen Umhang aus schwarzem Samt. Stolz schreiten sie durch ihr Schloss und deuten auf alles, was ihnen gehört. Dann sagen sie: „Wir sind wirklich reich und haben viele Schätze."

Meist begleiten kleine Zwerge das Königspaar. Sie heißen bestimmter Artikel und unbestimmter Artikel und tragen einen feinen, hellblauen Umhang. Diese Begleiter rufen laut die Namen aller königlichen Schätze. Der bestimmte Artikel ruft:
Der Mann, die Frau, das Kind, der Vogel, das Pferd, die Blume, das Schloss, der Thron, die Krone ...
Der unbestimmte Artikel ruft zurück: **Ein Mann, eine Frau, ein Kind, ein Vogel, ein Pferd, eine Blume, ein Schloss, ein Thron, eine Krone ...**

Alle Namen für Menschen, Tiere, Pflanzen und Dinge, die du sehen, anfassen, malen oder auch nur erahnen kannst, gehören dem mächtigen Königspaar. Und weil diese Wörter so wichtig sind, haben sie alle am Anfang einen großen Buchstaben.

Wenn das Königspaar mit seinen Begleitern durch das Schloss schreitet, berühren König und Königin Nomen mit ihrem Zauberstab manche Wörter. Nun werden aus einem Mann plötzlich **mehrere Männer**, aus einem Vogel werden **mehrere Vögel**, aus einem Pferd werden **viele Pferde**, aus einer Blume werden **mehrere Blumen**, aus einem Schloss **mehrere Schlösser** und aus einer Krone **mehrere Kronen** ...

Manchmal begleitet auch Professor Adjektiv in seinem wunderschönen Umhang aus dunkelblauer Seide das Königspaar mit seinen Begleitern. Wenn er auftritt, wird es spannend. Denn er ist ein wahrer Zauberer: Er macht die Männer zu **starken Männern**, die Frauen zu **schönen Frauen**, die Blumen zu **bunten Blumen**, das Schloss zu einem **prächtigen Schloss** und die Krone zu einer **goldenen Krone**. Wenn Professor Adjektiv beschreibt, was er sieht, können sich König und Königin Nomen ihre wunderbaren Schätze selbst mit geschlossenen Augen genau vorstellen.

Aber so richtig schön wird es im Land der Wörter erst, wenn die große rote Sonne, Frau Verb, strahlt. Mit ihrer Kraft macht sie alles lebendig. Wie aus einem Schlaf erwachen Menschen, Tiere, Pflanzen und all die vielen Dinge. Nun stehen die starken Männer nicht mehr still da, sondern: **Die starken Männer laufen, reiten oder singen. Die Vögel zwitschern. Die vielen Blumen blühen. Das prächtige Schloss leuchtet in der Sonne und die goldenen Kronen des Königspaars funkeln.**

Jetzt erst ist das Königspaar so richtig zufrieden. Es lacht und sagt glücklich: „Wie schön ist es doch in unserem riesengroßen Land der Wörter!"

Überblick über Symbole und Farben nach Montessori

hellblau

schwarz

dunkelblau

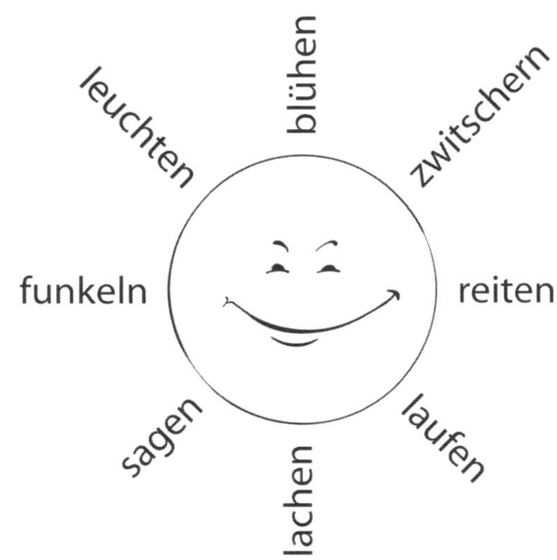

rot

Weitere Symbole nach Montessori finden Sie unter www.wortartensymbole.de

Überblick über die verwendeten Farben

rot	schwarz	blau	grün	gelb	rosa/orange
– Verb – Aussagesatz – Punkt	– Nomen	– Artikel – Adjektiv – Fragesatz	– Ausrufesatz – Ausrufezeichen	– veränderte Buchstaben – Satzanfänge	– *rosa* Selbstlaute – *orange* Komma

TIPP

Wenn Sie die Kopiervorlage vergrößern und als Merkplakat verwenden wollen, empfiehlt es sich, die Figuren entsprechend auszumalen. Zusätzlich können die Kinder die Symbole als „Merkzettel" erhalten und selbst ausmalen.

Name: ______________________ Datum: __________

Alle Menschen haben einen Namen

1. Wie heißt das Mädchen?

	F						

2. Wie heißt der Junge?

3. Wie heißt du? Wie heißen deine Freunde?

mein Vorname ______________________

mein Nachname ______________________

meine Mama ______________________

mein Papa ______________________

meine Oma ______________________

mein Opa ______________________

mein Freund ______________________

meine Freundin ______________________

4. Ergänze.

▲ Alle Menschen haben einen ______________.

Ich schreibe die Namen am Anfang ______________.

☆ Schreibe Namen von Kindern deiner Klasse auf die Rückseite.

Knicke zuerst den Lösungsstreifen um.

Aufgabe 1
Florina

Aufgabe 2
Balduin

Aufgabe 4
Namen
groß

Name: ______________________ Datum: ____________

Alle Tiere haben einen Namen

1. Welches Tier magst du am liebsten? Kreuze an.

1 	2 	3 	4 
5 	6 	7 	8 
9 	10 	11 	12 

2. Schreibe die Nummer des passenden Bildes von Aufgabe 1 dazu.
Male den großen Buchstaben am Anfang an.

im Zoo		im Wasser		auf dem Bauernhof	
1	Bär	___	Fisch	___	Schwein
___	Löwe	___	Frosch	___	Kuh
___	Affe	___	Wal	___	Schaf
___	Tiger	___	Muschel	___	Ameise

3. Ergänze.

Alle Tiere haben einen ____________________.

Ich schreibe die Tiernamen am Anfang ____________________.

Schreibe noch mehr Tiernamen auf die Rückseite.

Knicke zuerst den Lösungsstreifen um.

Aufgabe 2

1	2	5
6	9	4
12	11	7
8	3	10

Aufgabe 3
Namen
groß

Name: ______________________ Datum: ______________

Alle Pflanzen haben einen Namen

1. Welche Pflanze magst du am liebsten? Kreuze an.

1 	2 	3 	4 
5 	6 	7 	8 
9 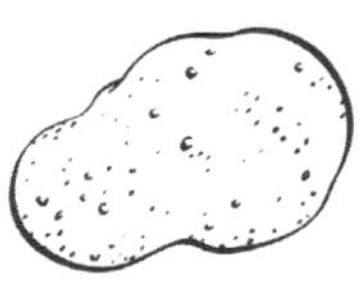	10 	11 	12 

2. Schreibe die Nummer des passenden Bildes von Aufgabe 1 dazu.
Male den großen Buchstaben am Anfang an.

Bäume		**Blumen**	
1	Tanne	___	Rose
___	Eiche	___	Tulpe
___	Kastanie	___	Löwenzahn
Obst		**Gemüse**	
___	Apfel	___	Kartoffel
___	Birne	___	Tomate
___	Banane	___	Karotte

3. Ergänze.

Alle Pflanzen haben einen ______________________.

Ich schreibe die Pflanzennamen am Anfang ______________.

☆ Schreibe noch mehr Pflanzennamen auf die Rückseite.

Knicke zuerst den Lösungsstreifen um.

Aufgabe 2

1 11 4	12 7 5
3 10 6	9 8 2

Aufgabe 3
Namen
groß

Name: ______________________ Datum: ____________

Alle Dinge haben einen Namen

1. Was ist für dich besonders wichtig? Kreuze an.

1 	2 	3 	4 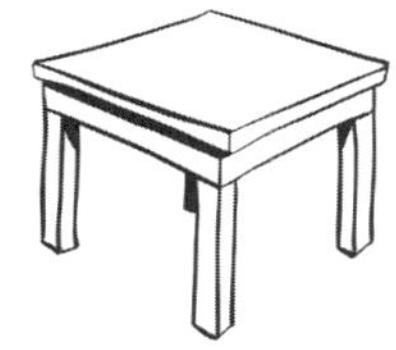
5 	6 	7 	8 
9 	10 	11 	12 

2. Schreibe die Nummer des passenden Bildes von Aufgabe 1 dazu.
   Male den großen Buchstaben am Anfang an.

Schulsachen		Werkzeug	
1	Stift	___	Hammer
___	Buch	___	Säge
___	Heft	___	Zange
Möbel		**Spielsachen**	
___	Bett	___	Ball
___	Tisch	___	Puppe
___	Stuhl	___	Teddy

3. Ergänze.

Alle Dinge haben einen ______________________.

Ich schreibe die Namen der Dinge am Anfang ____________.

Schreibe noch mehr Namen von Dingen auf die Rückseite.

Knicke zuerst den Lösungsstreifen um.

Aufgabe 2

1 7 12	5 11 2
8 4 9	6 3 10

Aufgabe 3
Namen
groß

Name: ______________________ Datum: ____________

Nomen (Namenwörter)

1. Male über die Nomen ein ▲ und antworte.

▲

Bist du ein Mädchen oder ein Junge? ____________

Was magst du am liebsten: Äpfel, Brot oder Eis? ____________

Kennst du Eichen und Kastanien? ____________

Hast du schon einen Löwen und einen Affen gesehen? ____________

2. Schreibe zu jedem Bild das Nomen und rahme ein.

 Mensch Tier [Pflanze] Ding	 Mensch Tier Pflanze Ding	 Mensch Tier Pflanze Ding
 Mensch Tier Pflanze Ding	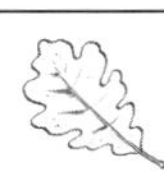 Mensch Tier Pflanze Ding	 Mensch Tier Pflanze Ding
 Mensch Tier Pflanze Ding	 Mensch Tier Pflanze Ding	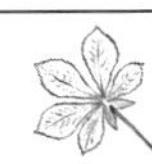 Mensch Tier Pflanze Ding

3. Ergänze.

▲

Menschen, Tiere, Pflanzen und Dinge kann ich anfassen. ____________ von Menschen, Tieren, Pflanzen und Dinge sind Nomen. Ich schreibe die Nomen am Anfang ____________.

Knicke zuerst den Lösungsstreifen um.

Aufgabe 1

▲

Mädchen, Junge
Äpfel
Brot
Eis
Eichen, Kastanien
Löwen
Affen

Aufgabe 2

Pf	D	T
M	Pf	D
T	M	Pf

Aufgabe 3
Namen
groß

Name: ______________________ Datum: __________

Nomen haben den bestimmten Artikel als Begleiter

1. Male das △ *hellblau* aus. Schreibe die Begleiter dazu.

 **der** König	 ______ Königin	 ______ Kind

2. Ergänze. Male das △ *hellblau* aus.

△	Nomen haben Begleiter. Die bestimmten Artikel sind ______, ______ oder ______.

3. Schreibe den bestimmten Artikel dazu.

 d ______	 ______	 ______	 ______

d ______	Schloss	______	Gespenst	______	Strauch
______	Park	______	Baum	______	Burg
______	Mauer	______	Blume	______	Dach
______	Kutsche	______	Tor	______	Brunnen

4. Male ein Bild zu einem Nomen dazu.

der	**die**	**das**

☆	In jeder Zeile ist ein Wort falsch. Streiche es durch. Pferd ☺ Zimmer ☺ Fenster ☺ Bett ☺ Klavier ☺ Kater Koch ☺ Diener ☺ Jäger ☺ Reiter ☺ Hexe ☺ Prinz Hecke ☺ Hütte ☺ Burg ☺ Fahne ☺ Treppe ☺ Keller

Knicke zuerst den Lösungsstreifen um.

Aufgabe 1

hellblau

die
das

Aufgabe 2
der
die
das

Aufgabe 3
die
der
das
die

das	das	der
der	der	die
die	die	das
die	das	der

☆
~~Kater~~
~~Hexe~~
~~Keller~~

Name: ______________________ Datum: ______________

Nomen haben den unbestimmten Artikel als Begleiter

1. Male das △ *hellblau* aus. Schreibe die Begleiter dazu.

 **ein** König	 ________ Königin	 ________ Kind

2. Ergänze. Male das △ *hellblau* aus.

△ Nomen haben Begleiter.
Die unbestimmten Artikel sind ________
oder ________.

3. Schreibe den unbestimmten Artikel dazu.

e ____	Schloss	____	Gespenst	____	Strauch
____	Park	____	Baum	____	Burg
____	Mauer	____	Blume	____	Dach

4. Male dazu: ▲ Nomen △ unbestimmter Artikel

König Nomen hat eine Krone und einen schwarzen Mantel.

König und Königin wohnen in einem Schloss.

Im Park ist ein großer Brunnen.

☆ In jeder Zeile ist ein Wort falsch. Streiche es durch.
Krone ☺ Kette ☺ Uhr ☺ Ring ☺ Kugel ☺ Kutsche ☺ Brille
Pferd ☺ Hund ☺ Löwe ☺ Bär ☺ Affe ☺ Kater ☺ Katze
Koch ☺ Diener ☺ Kind ☺ Reiter ☺ Königin ☺ Prinz

Knicke zuerst den Lösungsstreifen um.

Aufgabe 1

hellblau

eine
ein

Aufgabe 2
ein
eine

Aufgabe 3

ein	ein	ein
ein	ein	eine
eine	eine	ein

Aufgabe 3

☆
~~Ring~~
~~Katze~~
~~Königin~~

Name: ______________________ Datum: __________

Mehrzahl – Einzahl

ein Hase | **der** Hase

Nomen können in der **Einzahl** stehen.

mehrere Hasen | **die** Hasen

Nomen können in der **Mehrzahl** stehen. Dabei ändern sich die Nomen oft.

Schreibe die Einzahl mit Artikel auf.
Male die anderen Buchstaben in der Mehrzahl gelb an.

die Katzen die Katze	die Löwen	die Enten
die Spinnen	die Bienen	die Affen
die Fische	die Hunde	die Schafe
die Pferde	die Rehe	die Kamele
die Bären	die Finken	die Elefanten
die Vögel	die Gänse	die Mäuse

Kreuze das Tier an, das du am liebsten hast.

Unterstreiche die Mehrzahl schwarz. Male die Nomen grau an, die in Einzahl und Mehrzahl gleich sind.

Hasen ☺ Affen ☺ Schlange ☺ Tiger ☺ Elefanten
Wurm ☺ Würmer ☺ Mücken ☺ Lama ☺ Füchse ☺ Haie
Raupen ☺ Frösche ☺ Schwein ☺ Esel ☺ Käfer ☺ Kühe
Schmetterling ☺ Gorillas ☺ Papagei ☺ Schnecken
Hamster ☺ Zebras ☺ Quallen ☺ Störche ☺ Uhus ☺ Adler
Biber ☺ Eichhörnchen ☺ Hühner ☺ Flöhe

Knicke zuerst den Lösungsstreifen um.

Löwen
der Löwe
Enten
die Ente

Spinnen
die Spinne
die Biene
der Affe

Fische
der Fisch
der Hund
das Schaf

Pferde
das Pferd
das Reh
das Kamel

Bären
der Bär
der Fink
der Elefant

Vögel
der Vogel
Gänse
die Gans
Mäuse
die Maus

☆
Hasen ☺ Affen
Tiger ☺ Elefanten
Würmer ☺ Mücken
Füchse ☺ Haie
Raupen ☺ Frösche
Esel ☺ Käfer ☺ Kühe
Gorillas ☺ Schnecken
Hamster ☺ Zebras
Quallen ☺ Störche
Uhus ☺ Adler
Biber ☺ Eichhörnchen
Hühner ☺ Flöhe

Name: ______________________ Datum: __________

Endungen bei der Mehrzahl

1. Ergänze.

ein Vogel | **der** Vogel

Nomen können in der ______________ stehen.

mehrere Vögel | **die** Vögel

Nomen können in der ______________ stehen. Dabei ändern sich die Nomen oft.

2. Trage diese Wörter in der Mehrzahl ein.

Stift ☺ Uhr ☺ Schere ☺ Jahr ☺ Weg ☺ Gabel ☺ Heft ☺ Bett ☺ Puppe ☺ Zahl ☺ Tasche ☺ Tür

-e in der Mehrzahl	**-n** in der Mehrzahl	**-en** in der Mehrzahl
die Stifte		
☆	☆	☆

3. Trage diese Wörter in der Mehrzahl ein.

Kind ☺ Buch ☺ Bild ☺ Handy ☺ Mann ☺ Feld ☺ Baby ☺ Auto ☺ Haus ☺ Clown ☺ Kopf ☺ Ei

-er in der Mehrzahl	**-s** in der Mehrzahl	**Umlaut** in der Mehrzahl
☆	☆	☆

☆ Finde selbst ein passendes Wort und trage es ein.

Knicke zuerst den Lösungsstreifen um.

Aufgabe 1
Einzahl
Mehrzahl

Aufgabe 2
-e
die Stifte
Jahre
Wege
Hefte

-n
Scheren
Gabeln
Puppen
Taschen

-en
Uhren
Betten
Zahlen
Türen

Aufgabe 3
-er
Kinder
Bilder
Felder
Eier

-s
Handys
Babys
Autos
Clowns

Umlaut
Bücher
Männer
Häuser
Köpfe

Name: ______________________ Datum: __________

Nomen (Namenwörter) erkennen

1. Unterstreiche die Nomen: Menschen *rot*, Tiere *braun*, Pflanzen *grün*, Dinge *schwarz*. Ergänze.

bestimmter Artikel	unbestimmter Artikel	Nomen	bestimmter Artikel	Mehrzahl
die	eine	Frau	die	Frauen
		Strauch		
		Igel		
		Vater		
		Bank		
		Blatt		
		Pferd		
		Baum		
		Computer		
		Junge		
		Zwiebel		
		Ball		

2. Ergänze.

Ein Nomen ist ein Name für ______________________

______________ oder ______________.

Vor ein Nomen kann ich einen ______________ setzen.

Zu einem Nomen kann ich die ______________ sagen.

Nomen schreibe ich immer ______________.

Streiche die Wörter durch, die keine Nomen sind.

~~IM~~ REICH VON KÖNIG UND KÖNIGIN NOMEN GIBT ES VIELE BURGEN, SCHLÖSSER, DÖRFER UND STÄDTE.

Knicke zuerst den Lösungsstreifen um.

Aufgabe 1
rot:
Frau, Vater, Junge

braun:
Igel, Pferd

grün:
Strauch, Blatt, Baum, Zwiebel

schwarz:
Bank, Computer, Ball

die/eine
die Frauen

der/ein
die Sträucher

der/ein
die Igel

der/ein
die Väter

die/eine
die Bänke

das/ein
die Blätter

das/ein
die Pferde

der/ein
die Bäume

der/ein
die Computer

der/ein
die Jungen

die/eine
die Zwiebeln

der/ein
die Bälle

Aufgabe 2
Menschen, Tiere, Pflanzen, Dinge, Artikel, Mehrzahl, groß

☆

~~IM~~ ☺ ~~VON~~ ☺ ~~UND~~ ☺ ~~GIBT~~ ☺ ~~ES~~ ☺ ~~VIELE~~ ☺ ~~UND~~

Name: ______________________ Datum: __________

Laute und Buchstaben

1. Sprich das Wort langsam und deutlich. Dabei kannst du jeden **Laut hören**. Schreibe für jeden Laut den passenden **Buchstaben**.

A S T

 Ast			

2. Achte auf den letzten Buchstaben.

 Rose			

AU G E

3. Hier steht ein Laut für mehrere Buchstaben.

 Au			

 Sch			

4. Ergänze.

Einen Laut kann ich mit einem Buchstaben oder manchmal auch mit ______________ Buchstaben schreiben.

Der Laut sch hat sogar ______________ Buchstaben.

Schreibe in die leeren Felder bei den Aufgaben oben ein passendes Wort. Wenn du willst, kannst du dazu ein Bild malen.

Knicke zuerst den Lösungsstreifen um.

Aufgabe 1
Kamel
Wurm

Aufgabe 2
Hase
Ente

Aufgabe 3
Auge
Maus
Ameise

Schal
Schaf
Frosch

Aufgabe 4
zwei
drei

Name: ______________________ Datum: __________

Selbstlaute

1. Welche Laute fehlen hier? Trage sie ein.
   Male sie nach der Kontrolle rosa an.

W rm	l f nt	Kr k d l	ff

So kann ich die Wörter nicht sprechen. Es fehlen die **Selbstlaute** [a], [e], [i], [o], [u]. Selbstlaute klingen alleine und geben den Wörtern den richtigen Klang.

2. Tausche den Selbstlaut aus und schreibe das neue Wort auf.
   Male die Selbstlaute rosa an.

Ohr	Hase	Burg	Stirn	Bach
 Uhr				

Zunge	Mund	Pelz	Hand	Dackel

Streiche den falschen Selbstlaut durch.
Schreibe das Wort richtig darunter.

Metter	Veter	Brader	Schwister
Mutter			
Altern	Unkel	Tente	Fomilie

Knicke zuerst den Lösungsstreifen um.

Aufgabe 1
Wurm
Elefant
Krokodil
Affe

Aufgabe 2
Uhr
Hose
Berg
Stern
Buch

Zange
Mond
Pilz
Hund
Deckel

☆
Mutter
Vater
Bruder
Schwester
Eltern
Onkel
Tante
Familie

Name: ______________________ Datum: __________

Mitlaute

a, e, i, o, u sind ______________________.
Alle anderen Laute sind **Mitlaute**.
Bei jedem Mitlaut klingt ein Selbstlaut mit.

1. Schreibe diese Buchstabennamen auf.

b	f	g	h	k	l	m	p	s	w
be									

2. Hier fehlen die ______________________. Trage sie ein.

_u___	_e___a	_a_e	E_e_a_

3. Tausche den Mitlaut aus und schreibe das Reimwort auf.

Welt	Nase	Suppe	Rose	Bach
				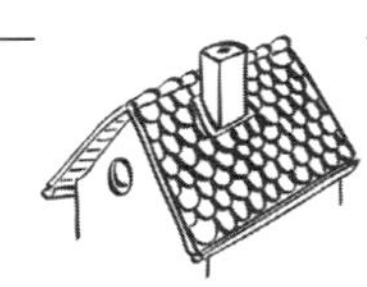
Zelt				

Nabel	Mund	Haus	Tanne	Sand
				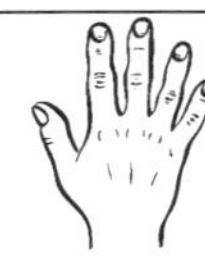

☆ Streiche einen Mitlaut weg und schreibe das Reimwort auf.

Knopf	Schlüs-sel	Traube	Glocke	Klasse
Kopf				

Knicke zuerst den Lösungsstreifen um.

Aufgabe 1
ef – ge – ha – ka – el – em – pe – es – we

Aufgabe 2
Mitlaute
Wurm
Zebra
Hase
Elefant

Aufgabe 3
Hase
Puppe
Hose
Dach

Gabel
Hund
Maus
Wanne
Hand

☆
Schüssel
Taube
Locke
Kasse

Name: ______________________ Datum: ____________

Doppellaute (Zwielaute)

Aus zwei Selbstlauten wird ein **Doppellaut** (Zwielaut). au, ei, eu sind Doppellaute. Sie klingen wie ein Laut. Auch Doppellaute sind Selbstlaute.

Male den passenden **Doppellaut** (Zwielaut) rosa an.
Schreibe das Wort darunter.

H [au / ei / eu] s Haus	Fr [au / ei / eu] nd	Am [au / ei / eu] se	Fr [au / ei / eu] de
[Au / Ei / Eu] le	[Au / Ei / Eu] ge	[Au / Ei / Eu] ro	bl [au / ei / eu]
[Au / Ei / Eu] to	Str [au / ei / eu] ch	zw [au / ei / eu]	B [au / ei / eu] m
t [au / ei / eu] er	L [au / ei / eu] te	[au / ei / eu] ns	S [au / ei / eu] fe

Setze den Doppellaut ein. Male ihn nach der Kontrolle rosa an.

Eins, zw_____, dr_____, alt ist nicht n _____.

Der Hund ist tr _____. Der König ist r_____ch.

Die _____er sind w _____ch. Fl_____ßig ist nicht f_____l.

Der Esel hat _____n M_____l.

Knicke zuerst den Lösungsstreifen um.

Freund
Ameise
Freude

Eule
Auge
Euro
blau

Auto
Strauch/Streich
zwei
Baum

teuer
Leute/Laute
eins
Seife

Eins, zwei, drei,
alt ist nicht neu.
Der Hund ist treu.
Der König ist reich.
Die Eier sind weich.
Fleißig ist nicht faul.
Der Esel hat ein Maul.

Name: ______________________ Datum: ____________

Umlaute

1. Ergänze.

a)	b)	c)
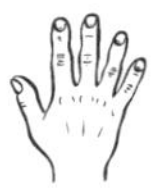 eine Hand ↓ 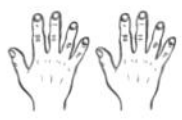 zwei Hände	 ein Kopf ↓  zwei Köpfe	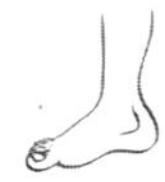 ein Fuß ↓ 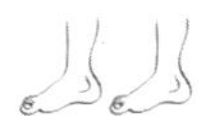 zwei Füße
aus **a** wird **ä**	aus ☐ wird ☐	aus ☐ wird ☐

Die Selbstlaute mit Pünktchen ä, ö, ü sind **Umlaute**.
Male die **Umlaute** rosa an.

2. Setze den Umlaut ein. Male ihn nach der Kontrolle rosa an.

 B__r	 M__dchen	 W__rfel	 S__ge
 L__we	 Br__tchen	 J__ger	5 f__nf
 K__fer	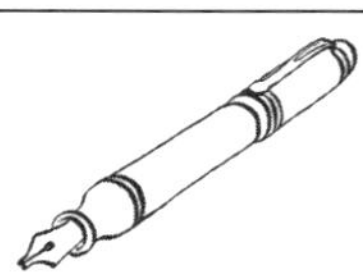 F__ller	12 zw__lf	 L__ffel

Setze den Umlaut ein. Male ihn nach der Kontrolle rosa an.

K__rper	Gem__se	Bl__te
Fl__gel	Fr__hling	L__rm
Tr__ne	__berfall	fl__ssig

Knicke zuerst den Lösungsstreifen um.

Aufgabe 1
b)
aus **o** wird **ö**

c)
aus **u** wird **ü**

Aufgabe 2
Bär
Mädchen
Würfel
Säge

Löwe
Brötchen
Jäger
fünf

Käfer
Füller
zwölf
Löffel

☆
Körper
Gemüse
Blüte

Flügel
Frühling
Lärm

Träne
Überfall
flüssig

Name: ______________________________ Datum: ______________

Das weiß ich über Laute und Buchstaben

1. Trage die fehlenden Laute ein und antworte.

Welche Laute fehlen hier? ______________________

K__tz__ ☺ Fr__sch ☺ __s__l ☺ K__h

Welche Laute fehlen hier? ______________________

M____s ☺ Schw____n ☺ M____se ☺ ____le

Welche Laute fehlen hier? ______________________

L__we ☺ B__r ☺ M__cke ☺ K__fer

Welche Laute fehlen hier? ______________________

__o__e__	__e____a	I__e__	__i__e__

2. MUS-Rätsel

Bei diesen Rätseln steht
M für Mitlaut
U für Umlaut
S für Selbstlaut

M U M S M
↓ ↓ ↓ ↓ ↓
K ä f e r

Schreibe die richtige Nummer zur Lösung.

1 MUMSM	2 MSMM	3 MUMS	4 MSMSM	5 MSMMS
Tiger	Löwe	1 Käfer	Zebra	Wolf

Schreibe am Wortanfang einen Mitlaut dazu und schreibe das Reimwort auf.

__rot	__leid	__rau	__acht	__ein
				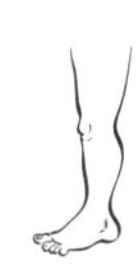

Knicke zuerst den Lösungsstreifen um.

Aufgabe 1
Selbstlaute
Katze
Frosch
Esel
Kuh

Doppellaute
Maus
Schwein
Meise
Eule

Umlaute
Löwe
Bär
Mücke
Käfer

Mitlaute
Vogel
Zebra
Igel
Tiger

Aufgabe 2
4 Tiger
3 Löwe
1 Käfer
5 Zebra
2 Wolf

☆
Brot
Kleid
Frau
Nacht
Bein

Name: ______________________ Datum: ____________

Silben (1)

1. Du bist Kind 4 . Sprich weiter und zähle aus. Zähle auch dich mit.

1 Anna	2 Max	3 Florina	4
Wer	hat	mei -	nen
Schuh	ge-	nom-	men?

Wer hat ihn ver-steckt?
Nie-mand hat's ge-sehn
und du darfst gehn.

Wer ist bei diesen Silben an der Reihe? Schreibe auf.

Schuh	ver-	-steckt	-sehn	und
Anna	______	______	______	______

2. Ergänze und male im Abzählvers in jeder Silbe den Selbstlaut rosa an.

Längere Wörter kann ich in Silben trennen. Wenn ich langsam und deutlich spreche, kann ich die Silben gut hören.
Jede Silbe hat einen ______________.

3. Geheimschrift: Schreibe die Wörter richtig getrennt auf.

SER-WAS ***WAS-SER***	GEL-VO	FEL-AP	TE-EN	TER-MUT
DY-TED	TER-VA	GE-JUN	SE-NA	GER-FIN
NE-SON	ZE-KAT	FER-KÄ	ZA-PIZ	TEN-GAR

Knicke zuerst den Lösungsstreifen um.

Aufgabe 1
ver-: 4 ich
-steckt: 1 Anna
-sehn: 2 Max
und: 3 Florina

Aufgabe 2
Selbstlaut

Wer hat mei-nen
Schuh ge-nom-men?
Wer hat ihn ver-steckt?
Nie-mand hat's
ge-sehn und du darfst
gehn.

Aufgabe 3
Vo-gel
Ap-fel
En-te
Mut-ter

Ted-dy
Va-ter
Jun-ge
Na-se
Fin-ger

Son-ne
Kat-ze
Kä-fer
Piz-za
Gar-ten

Name: ______________________ Datum: ____________

Silben (2)

1. Male die Selbstlaute und den Doppellaut rosa an.

So trenne ich Wörter in Silben:		
So - fa	Oma	Au - to
Jede Silbe hat einen Selbstlaut.	Einen einzelnen Selbstlaut am Wortanfang oder Wortende darf ich nicht abtrennen.	Einen Doppellaut darf ich abtrennen.

2. Streiche alle Wörter durch, die du nicht trennen darfst.

Sofa ☺ ~~Ofen~~ ☺ Geheimnis ☺ Igel ☺ Bauer ☺ Zauberer
Abend ☺ Minute ☺ Elefant ☺ Oma ☺ Samstag ☺ Ahorn
Lexikon ☺ Apfel ☺ April ☺ Opa ☺ Verkehr ☺ Übung ☺ Eier
Schmetterling ☺ Eule ☺ Telefon ☺ Euro ☺ Ort ☺ Käfer
Idee ☺ Gesundheit ☺ Uhu ☺ Auto ☺ Obst

Trenne die übrigen Wörter und schreibe sie auf.

Wörter mit zwei Silben	Wörter mit drei Silben
So-fa, ______	______
______	______
______	______
______	______
______	______
______	______
______	______

Unterstreiche die erste Silbe. Schreibe die Silben in der richtigen Reihenfolge in dein Heft:
To – ma – te
Welches Wort hat die meisten Silben? Unterstreiche es.

ma - <u>to</u> - te	lo - ne - me	ne - na - ba	get - spa - ti
ka - pap - ri	ko - scho - de - la	wi - ki	mi - gum - kau

Knicke zuerst den Lösungsstreifen um.

Aufgabe 1
So - fa
Oma
Au - to

Aufgabe 2
~~Ofen, Igel~~
~~Abend, Oma,~~
~~Ahorn, April,~~
~~Opa, Übung,~~
~~Ort, Idee,~~
~~Uhu, Obst~~

zwei Silben
So-fa, Bau-er, Ele-fant, Sams-tag, Ap-fel, Ver-kehr, Ei-er, Eu-le, Eu-ro, Kä-fer, Au-to

drei Silben
Ge-heim-nis, Zau-be-rer, Mi-nu-te, Le-xi-kon, Schmet-ter-ling, Te-le-fon, Ge-sund-heit

☆
To-ma-te, Me-lo-ne, Ba-na-ne, Spa-get-ti, Pap-ri-ka, <u>Scho-ko-la-de</u>, Ki-wi, Kau-gum-mi

Name: ____________________ Datum: __________

Aus zwei mach eins: Zusammengesetzte Nomen

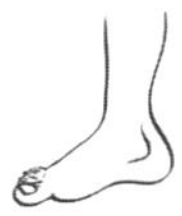 der Fuß	 der Ball	 der Fuß ball der Ball, den ich mit den Füßen trete

1. Ergänze.

Ich kann zwei Nomen zu __________ Nomen zusammensetzen.

Das zweite Nomen schreibe ich dann __________.

Mit einem zusammengesetzten Nomen kann ich genau sagen, was ich meine.

2. Schreibe ein zusammengesetztes Nomen auf.

meine Tasche für die Schule	mein Heft für die Schule	mein Buch für die Schule
ein Fest, das wir in der Schule feiern	mein Freund in der Schule	mein Weg zur Schule
ein Tuch, das auf dem Tisch liegt	der Platz, auf dem ich sitze	ein Schirm für den Regen

3. Zerlege die Nomen. Welcher Buchstabe bleibt übrig? Male ihn gelb an.

Hasenpfote ☺ Schweinestall ☺ Sonnenblume ☺ Geburtstag
Frühlingsanfang ☺ Rosenstrauß ☺ Zwillingspaar ☺ Tageszeit
Wohnungstür ☺ Weihnachtszeit ☺ Kindergarten ☺ Hundeschule

☆ SERBALLWAS → Schreibe in dein Heft: ***Was-ser-ball***

APSAFTFEL ☺ EISBEERERD ☺ TENGARSTUHL ☺
PIERPABUNT ☺ FENSCHWIMMREI ☺ CHENMÄRBUCH

Knicke zuerst den Lösungsstreifen um.

Aufgabe 1
einem, klein

Aufgabe 2
Schultasche
Schulheft
Schulbuch

Schulfest
Schulfreund
Schulweg

Tischtuch
Sitzplatz
Regenschirm

Aufgabe 3
Hasenpfote,
Schweinestall,
Sonnenblume,
Geburtstag,
Frühlingsanfang,
Rosenstrauß,
Zwillingspaar,
Tageszeit,
Wohnungstür,
Weihnachtszeit,
Kindergarten,
Hundeschule

☆
Apfelsaft,
Erdbeereis,
Gartenstuhl,
Buntpapier,
Schwimmreifen,
Märchenbuch

Name: ______________________ Datum: ____________

Weihnachtswörter

1. Welche Wörter passen zu Weihnachten? Male diese Felder hellgrün an.

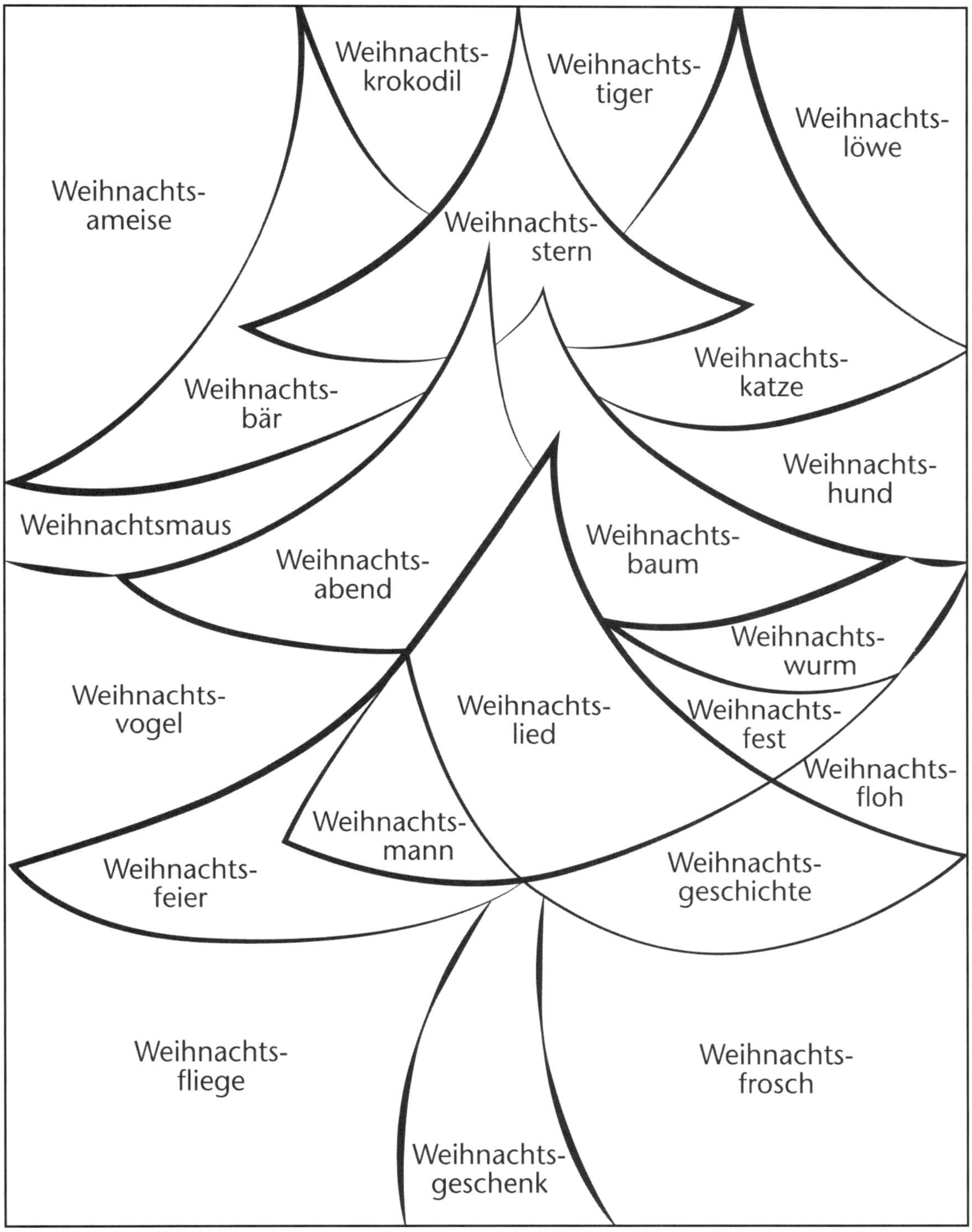

2. Trenne die Weihnachtswörter und schreibe sie in dein Heft:
der Weih-nachts-stern

Schreibe noch mehr Weihnachtswörter auf die Rückseite.

Knicke zuerst den Lösungsstreifen um.

Aufgabe 1

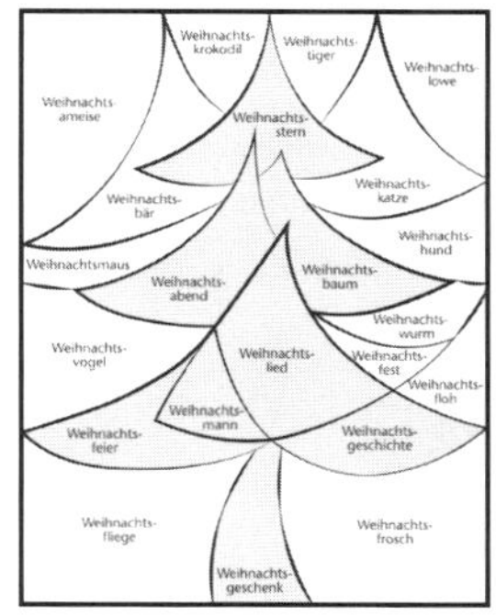

Aufgabe 2

der Weih-nachts-stern

der Weih-nachts-abend

der Weih-nachts-baum

das Weih-nachts-lied

die Weih-nachts-ge-schich-te

der Weih-nachts-mann

die Weih-nachts-feier

das Weih-nachts-ge-schenk

Name: ______________________ Datum: __________

Sammelnamen: Ein Nomen für viele Nomen

Räum bitte deine Autos, Puppen, Spiele, Bälle, Bausteine und Spielfiguren auf.

Räum bitte deine Spielsachen auf.

Mit einem **Sammelnamen** fasse ich Dinge gleicher Art zusammen und sage **kurz**, was ich meine.

Ordne die Wörter richtig ein. Schreibe ein Komma zwischen die Nomen.

Arme, Beine, Hemd, Heft, Brot, Brötchen, Kleid, T-Shirt, Füße, Lineal, Spitzer, Obst, Rock, Augen, Ohren, Lexikon, Gemüse, Gesicht, Pizza, Rücken, Hände, Pulli, Strümpfe, Stifte, Kopf, Jacke, Schere, Pommes, Spagetti, Schal, Eier, Füller, Radiergummi, Hose, Hals

Körperteile	Kleidung
Arme, ______	

Schulsachen	Esswaren

Schreibe zu jedem Sammelnamen noch ein Nomen dazu.

Knicke zuerst den Lösungsstreifen um.

Beine, Füße, Augen, Ohren, Gesicht, Rücken, Hände, Kopf, Hals

Hemd, Kleid, T-Shirt, Rock, Pulli, Strümpfe, Jacke, Schal, Hose

Heft, Lineal, Spitzer, Lexikon, Stifte Schere, Füller, Radiergummi

Brot, Brötchen, Obst, Gemüse, Pizza, Pommes, Spagetti, Eier

Name: ______________________ Datum: __________

Das weiß ich über Nomen

1. Unterstreiche alle Nomen schwarz. Rahme das zusammengesetzte Nomen ein.

WIEDER EINMAL REISEN KÖNIG NOMEN UND KÖNIGIN NOMEN MIT EINER PFERDEKUTSCHE DURCH IHR WEITES LAND.

2. Schreibe die passende Nummer dazu.

1 Nomen sind Namen für Menschen.	___ Baum, Blume, Apfel, Kartoffel
2 Nomen sind Namen für Tiere.	1 Florina, Freund, Vater
3 Nomen sind Namen für Pflanzen.	___ Stuhl, Stift, Haus, Papier
4 Nomen sind Namen für Dinge.	___ Hund, Käfer, Vogel

3. Schreibe die Mehrzahl zu diesen Nomen auf.

Blume	Hund	Auto	Strauch
______	______	______	______

4. Aus welchen Nomen sind diese langen Nomen zusammengesetzt? Trenne sie mit einem Strich ab.

Beispiel: H a u s | t ü r

S c h u l k i n d ☺ W i e s e n b l u m e ☺ V o g e l n e s t

5. **Achtung! Fehler!**
Welche Nomen musst du großschreiben? Unterstreiche sie *schwarz.*

Im frühling scheint die sonne wieder länger. Es blühen viele blumen auf der wiese, auf den feldern und im garten.

6. Ergänze.
So erkenne ich ein Nomen:

Ist es ein ____________, ein ____________, eine ____________

oder ein ____________?

Kann ich vor das Wort einen ________________ setzen?

Kann ich das Wort in die ________________ setzen?

Knicke zuerst den Lösungsstreifen um.

Aufgabe 1
KÖNIG
NOMEN
KÖNIGIN
NOMEN
PFERDEKUTSCHE
LAND

Aufgabe 2
3
1
4
2

Aufgabe 3
Blumen
Hunde
Autos
Sträucher

Aufgabe 4
Schul | kind
Wiesen | blume
Vogel | nest

Aufgabe 5
frühling
sonne
blumen
wiese
feldern
garten

Aufgabe 6
Mensch ☺ Tier ☺
Pflanze ☺ Ding ☺
Artikel ☺ Mehrzahl

Name: ______________________ Datum: ______________

Verben: Was Menschen tun

Verb
Tunwort
Tuwort

rot

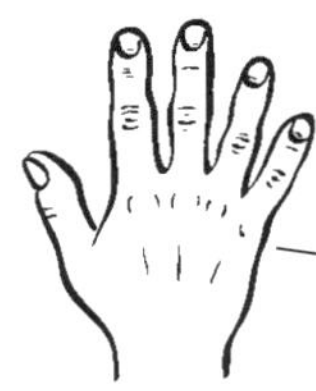

trink**en**
ess**en**
lauf**en**
mal**en**
spring**en**

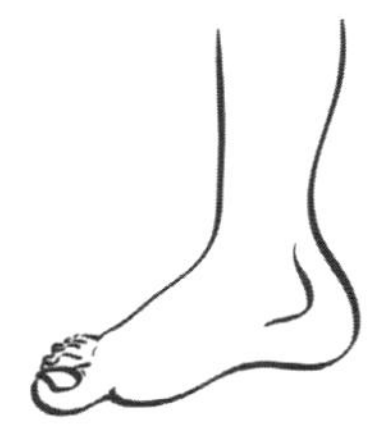

1. Verbinde Bild und Wort.

2. Trage diese Wörter richtig ein.

arbeit ☺ lach ☺ geh ☺ renn ☺ frag ☺ antwort ☺ bau ☺ bitt dank ☺ sing ☺ hüpf ☺ bezahl ☺ halt ☺ zähl ☺ schleich ☺ lauf zeig ☺ red ☺ hink ☺ steh ☺ stapf ☺ schreib ☺ schneid ☺ trag ☺ schrei ☺ spring ☺ geb

Das kann ich mit den Händen tun.	Das kann ich mit dem Mund tun.	Das kann ich mit den Füßen tun.
*arbeit**en***		

☆ Streiche zwei falsche Wörter durch.

Das kann ich mit den Augen tun: sehen ☺ schauen ☺ sagen ☺ lesen ☺ beobachten ☺ erblicken ☺ betrachten ☺ starren ☺ erkennen ☺ schließen ☺ stehen ☺ öffnen

Knicke zuerst den Lösungsstreifen um.

Verb

rot

Aufgabe 2

mit den Händen
arbeiten
bauen
bezahlen
halten
zeigen
schreiben
schneiden
tragen
geben

mit dem Mund
lachen
fragen
antworten
bitten
danken
singen
zählen
reden
schreien

mit den Füßen
gehen
rennen
hüpfen
schleichen
laufen
hinken
stehen
stapfen
springen

☆
~~sagen~~
~~stehen~~

Name: ______________________ Datum: __________

Verben: Was Tiere tun

1 
2 
3 
4 
5 
6 
7 
8 
9 

1. Schreibe die Nummer des Bilds dazu.

__ Hasen hoppeln.	__ Schafe blöken.	__ Katzen schnurren.
1 Hunde bellen.	__ Bienen summen.	__ Käfer krabbeln.
__ Frösche hüpfen.	__ Vögel piepsen.	__ Hähne krähen.

2. Schreibe Sätze auf. Schreibe **-t** rot.

Der Hase hoppelt.
Der Hund ______________

Verben können sich verändern:
Hunde bell**en**.
Der Hund bell**t**.

Schreibe zu jedem Tier zwei Sätze in dein Heft.
Pferde traben. Das Pferd trabt.

Schmetterling flattern	Schnecke kriechen	Ente watscheln	Pferd galoppieren

Knicke zuerst den Lösungsstreifen um.

Aufgabe 1

2 1 4	3 8 6	5 9 7

Aufgabe 2
Der Hund bellt.
Der Frosch hüpft.
Das Schaf blökt.
Die Biene summt.
Der Vogel piepst.
Die Katze schnurrt.
Der Käfer krabbelt.
Der Hahn kräht.

Schmetterlinge flattern.
Der Schmetterling flattert.

Schnecken kriechen.
Die Schnecke kriecht.

Enten watscheln.
Die Ente watschelt.

Pferde galoppieren.
Das Pferd galoppiert.

Name: ______________________ Datum: ______________

Verben: Was Pflanzen tun

1. Unterstreiche alle Verben rot.

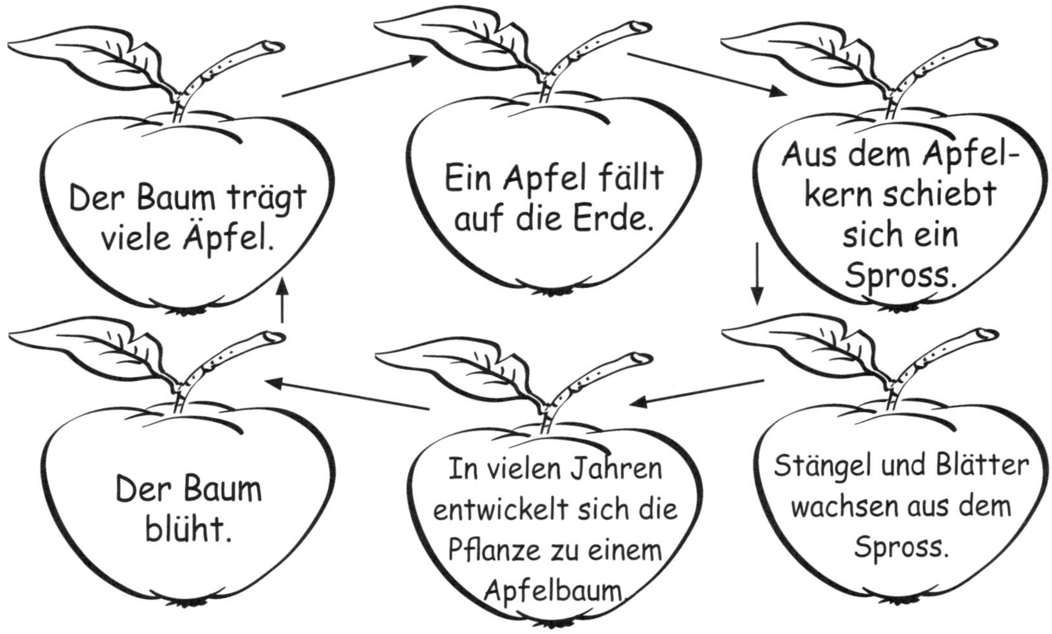

2. Ergänze.

	Viele Äpfel **fallen** auf die Erde. Ein Apfel **fällt** auf die Erde.	**Grundform** **gebeugte Form**
	Verben können sich ____________. In der ____________ enden die Verben meist mit **-en**. Die gebeugten Formen zeigen, wer etwas tut: Ich **falle**. Du **fällst**. Der Apfel **fällt**. Wir **fallen**.	

3. Unterstreiche die Veränderungen bei den gebeugten Formen rot.

Ich wachse.	***Ich trage.***	***Ich schiebe.***
Du wächst.	____________	____________
Er wächst.	____________	____________
Wir wachsen.	____________	____________

☆	Was kann eine Pflanze alles tun? Streiche zwei falsche Wörter durch. blühen ☺ duften ☺ verwelken ☺ keimen ☺ reifen ☺ stechen ☺ wachsen ☺ sprießen ☺ atmen ☺ schreiben ☺ vertrocknen ☺ faulen ☺ treiben ☺ rechnen ☺ ranken

Knicke zuerst den Lösungsstreifen um.

Verb

rot

Aufgabe 1
trägt
fällt
schiebt
wachsen
entwickelt
blüht

Aufgabe 2
verändern
Grundform

Aufgabe 3
Ich wachse.
Du wächst.
Er wächst.
Wir wachsen.

Ich trage.
Du trägst.
Er trägt.
Wir tragen.

Ich schiebe.
Du schiebst.
Er schiebt.
Wir schieben.

☆
~~schreiben~~
~~rechnen~~

Name: ______________________________ Datum: ______________

Verben: Was Dinge tun – was geschieht

1. Unterstreiche die Verben rot. Schreibe die Nummer dazu.

Was tun die Dinge?	Was geschieht?
1 Tropfen fallen vom Himmel.	Es dröhnt.
2 Ein Donner erschreckt die Menschen.	Es stinkt.
3 Ein Blitz zuckt am Himmel	Es knattert.
4 Schneeflocken fallen vom Himmel.	1 Es regnet.
5 Der Wind pfeift und heult.	Es brennt.
6 Die Eiszapfen schmelzen.	Es blitzt.
7 Ein Feuer leuchtet.	Es schneit.
8 Rauch steigt aus einer Fabrik auf.	Es donnert.
9 Ein Flugzeug fliegt über das Haus.	Es taut.
10 Ein Zug fährt vorbei.	Es stürmt.

2. Trage hier die kurzen Sätze von Aufgabe 1 ein.

Das kann ich hören	Das kann ich sehen
	Es regnet.
Das kann ich riechen	**Das kann ich fühlen**
	Es regnet.

Schreibe die Grundform zu den Verben bei Aufgabe 2 auf.
*Es donnert. → **donnern***

Knicke zuerst den Lösungsstreifen um.

Aufgabe 1
fallen, erschreckt, zuckt, fallen, pfeift, heult, schmelzen, leuchtet, steigt, fliegt, fährt

9 Es dröhnt.
8 Es stinkt.
10 Es knattert.
1 Es regnet.
7 Es brennt.
3 Es blitzt.
4 Es schneit.
2 Es donnert.
6 Es taut.
5 Es stürmt.

Aufgabe 2
hören
Es donnert.
Es stürmt.
Es brennt.
Es dröhnt.
Es knattert.

sehen
Es regnet.
Es blitzt.
Es schneit.
Es brennt.
Es taut.

riechen
Es brennt.
Es stinkt.

fühlen
Es regnet.
Es schneit.
Es stürmt.

☆
stürmen, brennen, dröhnen, knattern, regnen, blitzen, schneien, tauen, brennen, stinken

Name: ______________________________ Datum: ______________

Verben: Gebeugte Formen

> Ich will spielen. Ich spiele gern. Spielst du mit mir?
> Papa spielt nicht mit, er arbeitet.

Wortbausteine [spiel] [en] [e] [st] [t]

Wortstamm — **Endungen** am Wortende

1. Male die Endungen in der Sprechblase leicht rot an.
2. Ergänze.

> ______________ sind aus Wortbausteinen zusammengesetzt.
>
> Der Wortstamm bleibt ______________, die Endung ändert sich.
>
> -en, -e, -st, -t sind Wortbausteine für das ______________.
>
> Die Endung zeigt, welche Person etwas ______________.

3. Ergänze die gebeugten Formen.

ich	du	er
ich sage	du sagst	er sagt
ich frage	______________	______________
______________	du fliegst	______________
______________	______________	er geht
ich singe	______________	______________
______________	du bringst	______________
ich wiege	______________	______________
______________	du liegst	______________

> Wähle ein Wort bei Aufgabe 3 aus und schreibe eine Sprechblase wie oben auf die Rückseite.

Knicke zuerst den Lösungsstreifen um.

Verb

rot

Aufgabe 1
spielen
spiele
Spielst
spielt
arbeitet

Aufgabe 2
Verben
gleich
Wortende
tut

Aufgabe 3
du fragst
er fragt

ich fliege
er fliegt

ich gehe
du gehst

du singst
er singt

ich bringe
er bringt

du wiegst
er wiegt

ich liege
er liegt

Name: ______________________ Datum: ______________

Verben mit veränderlichem Wortstamm

> Papa nimmt Pommes. Ich nehme eine Pizza.
> Was nimmst du, Balduin?

Wortbausteine [nehm] [nimm] — **Wortstamm**

[e] [st] [t] — **Endungen** am Wortende

1. Male den Wortstamm in der Sprechblase leicht rot an.
2. Ergänze.

> Manchmal ändert sich der ______________________.
>
> Im Wörterbuch stehen die Verben immer in der Grundform mit
>
> **-en** ______________________.

3. Ergänze die gebeugten Formen.

ich	du	er
ich esse	du isst	er isst
ich gebe	______	______
______	du siehst	______
______	______	er hilft
______	du liest	______
______	______	er hält
______	du fährst	______
______	______	er fällt
______	______	er trägt
______	du läufst	______

☆ Wähle ein Wort bei Aufgabe 3 aus und schreibe eine Sprechblase wie oben auf die Rückseite.

Knicke zuerst den Lösungsstreifen um.

Verb

rot

Aufgabe 1
nimmt
nehme
nimmst

Aufgabe 2
Wortstamm
am Ende

Aufgabe 3
du gibst
er gibt

ich sehe
er sieht

ich helfe
du hilfst

ich lese
er liest

ich halte
du hältst

ich fahre
er fährt

ich falle
du fällst

ich trage
du trägst

ich laufe
er läuft

Name: ______________________________ Datum: ______________

Verben mit einer Vorsilbe

Soll ich dir ein Märchen erzählen oder vorlesen?
Oder willst du eine CD anhören?

Wortbausteine	**er**	**zähl**	**en**
	Vorsilbe	**Wortstamm**	**Endungen**

1. Male die Vorsilben in der Sprechblase leicht rot an.
2. Ergänze.

Oft haben ____________________ vorn einen Wortbaustein, die ____________. Die Vorsilbe gibt dem Verb eine andere Bedeutung: zählen – **er**zählen.

Im Wörterbuch stehen die Verben meist ohne Vorsilbe.

3. Unterstreiche die Verben rot, male die Vorsilben rot an.

Ich lese ein Buch. Ich kann dir ein Märchen vorlesen.
Ich fange die Fliege. Nun kann ich anfangen zu lesen.
Ich singe gern, aber ich mag nicht gern vorsingen.
Ich sehe keinen Fehler. Ich übersehe keinen Fehler.
Ich suche einen Löffel. Ich versuche die Suppe.
Ich kann gut rechnen. Heute verrechne ich mich dauernd.
Ich brauche ein Papier. Ich verbrauche nur wenig Kleber.
Ich sage nur wenig. Ich kann das Gedicht aufsagen.
Ich setze mich. Ich besetze einen Platz für Balduin.

Schreibe die Grundform in dein Heft: ***zählen – erzählen***

... legen

Welche Vorsilbe passt nicht davor? Streiche sie durch.

über- ☺ unter- ☺ an- ☺ ab- ☺ auf- ☺ aus- ☺ er- ☺
ver- ☺ vor- ☺ nach- ☺ be- ☺ emp- ☺ ein- ☺ weg- ☺

Schreibe Sätze mit diesen Verben in dein Heft.

Knicke zuerst den Lösungsstreifen um.

Verb

rot

Aufgabe 1
erzählen
vorlesen
anhören

Aufgabe 2
Verben
Vorsilbe

Aufgabe 3
lese
vorlesen

fange
anfangen

singe
vorsingen

sehe
übersehe

suche
versuche

rechnen
verrechne

brauche
verbrauche

sage
aufsagen

setze
besetze

☆
~~emp-~~

Name: ______________________ Datum: __________

Verben mit abgetrennter Vorsilbe

Zuerst muss ich aufräumen. Dann kann ich mit der Hausaufgabe anfangen.

Zuerst räume ich auf. Dann fange ich mit der Hausaufgabe an.

Manchmal wird im Satz die Vorsilbe abgetrennt und rückt an das Satzende.

1. Ergänze am Satzende die abgetrennte Vorsilbe.
   Unterstreiche das Verb und die Vorsilbe rot.

Ich schreibe die Hausaufgaben auf. Ich richte meinen Arbeitsplatz ______. Ich male das Bild sorgfältig ______.

Ich schaue beim Reden den anderen ______. Ich trage das Gedicht betont ______. Ich höre genau ______.

Wenn ich etwas nicht verstehe, frage ich ______. Zum Sport nehme ich meine Sporttasche ______. Vor dem Sport kleide ich mich ______ und ziehe meine Sportschuhe ______.

2. Schreibe die Verben von Aufgabe 1 mit Vorsilbe in der Grundform auf.

aufschreiben, ______________________

____

____

☆

... laufen

Welche Vorsilbe passt nicht davor? Streiche sie durch.

über- ☺ ent- ☺ an- ☺ ab- ☺ auf- ☺ aus- ☺ los- ☺
ver- ☺ vor- ☺ nach- ☺ be- ☺ zu- ☺ ein- ☺ weg- ☺

Schreibe Sätze mit diesen Verben in dein Heft.

Knicke zuerst den Lösungsstreifen um.

Verb

rot

Aufgabe 1
richte – her
male – aus
schaue – an
trage – vor
höre – zu/hin
frage – nach
nehme – mit
kleide – um
ziehe – an

Aufgabe 2
herrichten, ausmalen, anschauen, vortragen, zuhören/hinhören, nachfragen, mitnehmen, umkleiden, anziehen

☆
~~be-~~

Name: ______________________ Datum: ____________

Verwandte Nomen und Verben

Diese Wörter sind verwandt. Sie haben alle den gleichen Wortstamm.
Wörter mit dem gleichen Wortstamm gehören zu einer Wortfamilie.

1. Unterstreiche den gleichen Wortstamm bei den Nomen *schwarz*, bei den Verben *rot*.

Familie **schlaf**

der Schlaf
der Schläfer
das Schlaflied
der Schlafanzug
die Schlafmütze
der Langschläfer

schlafen
weiterschlafen
ausschlafen
ausgeschlafen
einschlafen
eingeschlafen
verschlafen

2. Schreibe das verwandte Verb in der Grundform auf.

die Arbeit arbeiten	die Freude ______	die Hilfe ______	der Flug ______
das Getränk ______	die Wohnung ______	die Wäsche ______	die Rechnung ______

3. Schreibe das verwandte Nomen mit Artikel auf.

baden das Bad	wärmen ______	wünschen ______
zählen ______	sitzen ______	pflanzen ______

Welche zwei Wörter gehören nicht zur Wortfamilie?
Streiche sie durch. Unterstreiche wie bei Aufgabe 1.

schreiben ☺ Schrift ☺ Überschrift ☺ abschreiben
verschreiben ☺ Anschrift ☺ Schreiber ☺ schreien
Schreibheft ☺ unterschreiben ☺ Vorschrift
Kugelschreiber ☺ Schreibtisch ☺ Hilfeschrei ☺ geschrieben

Knicke zuerst den Lösungsstreifen um.

Verb

rot

Aufgabe 1
Schlaf
Schläfer
Schlaflied
Schlafanzug
Schlafmütze
Langschläfer

schlafen
weiterschlafen
ausschlafen
ausgeschlafen
einschlafen
eingeschlafen
verschlafen

Aufgabe 2
freuen
helfen
fliegen
trinken
wohnen
waschen
rechnen

Aufgabe 3
die Wärme
der Wunsch
die Zahl
der Sitz
die Pflanze

~~schreien~~
~~Hilfeschrei~~

Name: ______________________ Datum: __________

Das weiß ich über Verben

1. Unterstreiche Nomen *schwarz*, Verben *rot*.

AMPEL ☺ BRIEF ☺ LIEGEN ☺ DONNERSTAG ☺ BLEIBEN

SCHREIBEN ☺ STIFT ☺ RUFEN ☺ PIZZA ☺ FAHREN ☺ SPORT

ÜBEN ☺ REDEN ☺ QUAKEN ☺ FANGEN ☺ ZEIT ☺ WETTER

VATER ☺ SEHEN ☺ TRINKEN ☺ LEXIKON

2. Schreibe die passende Nummer dazu.

1 Verben geben an, was Menschen tun.	___ Der Baum wächst.
2 Verben geben an, was Tiere tun.	**1** Balduin singt.
3 Verben geben an, was Pflanzen tun.	___ Der Stuhl wackelt.
4 Verben geben an, was Dinge tun.	___ Es regnet.
5 Verben geben an, was geschieht.	___ Der Vogel zwitschert.

3. An der Endung des Verbs erkenne ich, wer etwas tut.
Schreibe die richtigen Endungen dazu.

Ich les______, du rechn______, Balduin schreib______.

Es klingel______. Wir räum______ auf und pack______ zusammen.

4. Schreibe das verwandte Verb in der Grundform auf.

die Frage ______	die Schrift ______	die Fahrt ______	der Gesang ______
die Blüte ______	der Sprung ______	der Regen ______	das Spiel ______

5. Ergänze.

So erkenne ich ein Verb:

Kann ich mit dem Wort auf die Frage ______________ ...?

antworten? Kann ich ______________ das Wort **es** setzen?

Knicke zuerst den Lösungsstreifen um.

Aufgabe 1

schwarz
AMPEL ☺ BRIEF
DONNERSTAG
STIFT ☺ PIZZA
SPORT ☺ ZEIT
WETTER ☺ VATER
LEXIKON

rot
LIEGEN ☺ BLEIBEN
SCHREIBEN
RUFEN ☺ FAHREN
ÜBEN ☺ REDEN
QUAKEN ☺ FANGEN
SEHEN ☺ TRINKEN

Aufgabe 2
3
1
4
5
2

Aufgabe 3
lese ☺ rechnest
schreibt ☺ klingelt
räumen ☺ packen

Aufgabe 4
fragen ☺ schreiben
fahren ☺ singen
blühen ☺ springen
regnen ☺ spielen

Aufgabe 5
Was tut ☺ vor

Name: ______________________ Datum: __________

Knicke zuerst den Lösungsstreifen um.

Adjektive: Wie Menschen sind

Adjektiv
Wiewort

dunkelblau

Wie bin ich?
klein ☺ groß ☺ dick ☺ dünn ☺ schlank
stark ☺ schwach ☺ schwer ☺ leicht
lustig ☺ fröhlich ☺ traurig ☺ mutig
feige ☺ laut ☺ leise ☺ wild ☺ brav
frech ☺ nett ☺ höflich ☺ freundlich
schnell ☺ langsam ☺ fleißig

1. Unterstreiche in der Sprechblase die Adjektive, die zu dir passen.

2. Was passt zu dir? Unterstreiche blau.

Wie sind deine Augen?	**Wie sind deine Haare?**	**Wie ist dein Gesicht?**	**Wie ist dein Mund?**
groß klein blau schwarz braun grün grau lustig traurig	glatt wellig lockig strubbelig lang kurz hell blond schwarz braun rot	blass braun hell rosa **Wie ist deine Nase?** groß gerade lang kurz klein	groß klein breit schmal **Wie fühlst du dich heute?** stark schwach gut schlecht traurig

3. Ergänze.

Adjektive sagen genau, **wie** ______________ sein können.

Mit Adjektiven kann ich einen Menschen beschreiben.

4. Schreibe mindestens fünf Sätze in dein Heft:
Ich bin ein fröhliches Kind.

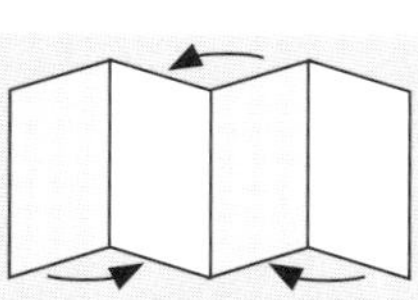

Falte ein kleines Buch. Bitte die Kinder deiner Klasse höflich: „Schreibe bitte ein, zwei oder drei Adjektive auf, die zu mir passen."

Adjektiv

dunkelblau

Aufgabe 3
Menschen

Name: ______________________ Datum: ____________

Adjektive: Wie Dinge sind

1. **Wie** ist heute deine Kleidung?
   Welche Farbe und welches Muster hat sie? Kreuze an.

	rot	blau	gelb	grün	weiß	grau	schwarz	braun
Hose								
Rock								
Pulli								
T-Shirt								
Hemd								
Bluse								
Jacke								
Kleid								
Socken								
Strümpfe								
Schuhe								

	orange	lila	rosa	bunt	ge-punktet	gestreift	kariert	ge-blümt
Pulli								
T-Shirt								
Hemd								
Bluse								
Jacke								
Kleid								
Socken								
Strümpfe								
Schuhe								

2. Schreibe zehn Sätze in dein Heft. Beispiel:

   Mein Pulli ist rosa. Meine Hose ist blau. Meine Socken sind blau und schwarz gestreift. Meine Schuhe sind schwarz.

   Unterstreiche die Adjektive dunkelblau.

Wie kann die Kleidung auch sein? Zwei Adjektive passen nicht. Streiche sie durch.

nass ☺ trocken ☺ sauber ☺ schmutzig ☺ schick ☺ süß modern ☺ bequem ☺ dick ☺ dünn ☺ warm ☺ kalt ☺ empfindlich ☺ glücklich ☺ schrecklich ☺ dunkel ☺ hungrig

Knicke zuerst den Lösungsstreifen um.

dunkelblau

~~glücklich~~
~~hungrig~~

Name: ______________________________ Datum: ______________

Adjektive: Wie Tiere sind

1. Unterstreiche die Adjektive dunkelblau.

Elefanten sind die größten Landtiere. Vier dicke, gerade Beine tragen den schweren Körper. Die flachen Füße haben ein dickes Polster, das wie ein Stoßdämpfer wirkt. Der Elefant hat große Ohren, zwei lange Stoßzähne und einen langen Rüssel. Mit dem Rüssel kann der Elefant atmen, riechen und trinken. Er kann damit auch von hohen Bäumen Futter holen, schwere Dinge hochheben und kräftige Schläge austeilen.

2. Ergänze.

Adjektive sagen genau, **wie** ______________ aussehen.

Mit Adjektiven kann ich ______________ beschreiben.

Ich kann das Adjektiv vor das ______________ setzen:

Der Elefant ist klug. → der kluge Elefant

Dabei kann sich das Adjektiv verändern.

3. Antworte und schreibe wie im Beispiel.

Wie sind die Beine? ***dick – die dicken Beine***	**Wie** sind die Beine? ______________ ______________
Wie ist der Körper? ______________ ______________	**Wie** sind die Füße? ______________ ______________
Wie sind die Ohren? ______________ ______________	**Wie** ist der Rüssel? ______________ ______________

Welche drei Adjektive passen nicht zum Elefanten? Streiche sie durch.

stark ☺ mächtig ☺ riesig ☺ kräftig ☺ klug ☺ hoch ☺ grau durstig ☺ geschickt ☺ dick ☺ schwer ☺ winzig ☺ massig kraftvoll ☺ dünn ☺ friedlich ☺ lang ☺ klein ☺ hungrig

Knicke zuerst den Lösungsstreifen um.

Adjektiv

dunkelblau

Aufgabe 1
größten
dicke
gerade
schweren
flachen
dickes
große
lange
langen
hohen
schwere
kräftige

Aufgabe 2
Tiere
Tiere
Nomen

Aufgabe 3
gerade
die geraden Beine

schwer
der schwere Körper

flach
die flachen Füße

groß
die großen Ohren

lang
der lange Rüssel

~~winzig~~
~~dünn~~
~~klein~~

Name: ______________________ Datum: __________

Adjektive: Das Gegenteil

	groß ☺ klein leicht ☺ schwer stark ☺ schwach dick ☺ dünn	schnell ☺ langsam ängstlich ☺ mutig munter ☺ träge winzig ☺ riesig

1. Welche Adjektive passen zur Maus? Unterstreiche sie blau.

2. Schreibe in dein Heft: ***die kleine Maus – der große Elefant***
   die leichte ...

Zu vielen Adjektiven finde ich das Gegenteil:
groß ☺ klein   lang ☺ kurz   alt ☺ neu

3. Schreibe das Gegenteil darunter.

1 sauer 2 süß	3 krumm 4 ______	5 leise 6 ______	7 warm 8 ______
9 eckig 10 ______	11 nass 12 ______	13 hoch 14 ______	15 hart 16 ______
17 jung 18 ______	19 hell 20 ______	21 leer 22 ______	23 krank 24 ______
25 rau 26 ______	27 fröhlich 28 ______	29 billig 30 ______	31 schmutzig 32 ______

4. Welches Adjektiv fehlt? Trage die Nummer von Aufgabe 3 ein.

Die Zitrone ist [1]. Zucker ist [ ]. Die Sonne ist [ ]. In der Nacht ist es [ ]. Watte ist [ ]. Eisen ist [ ]. Im Sommer ist es [ ]. Im Winter ist es [ ]. Ein Kreis ist [ ]. Ein Quadrat ist [ ]. Wenn mein Magen [ ] ist, bin ich satt. Wenn mein Magen [ ] ist, bin ich hungrig. Ein Auto ist [ ]. Ein Brötchen ist [ ]. Ein Berg ist [ ]. Das Meer ist [ ].

Schreibe weitere Sätze zu Aufgabe 3 in dein Heft.

Knicke zuerst den Lösungsstreifen um.

dunkelblau

Aufgabe 1
klein ☺ leicht schwach
dünn ☺ schnell ängstlich
munter ☺ winzig

Aufgabe 3
4 gerade
6 laut
8 kalt
10 rund
12 trocken
14 tief
16 weich
18 alt
20 dunkel
22 voll
24 gesund
26 glatt
28 traurig
30 teuer
32 sauber

Aufgabe 4

1	2	19
20	16	15
7	8	10
9	22	21
30	29	13
14		

Name: ______________________ Datum: __________

Adjektive: Wie Pflanzen sind

1. Was ist auf dem Obstteller? Kreuze an.

rund, hart, glatt, schwer	lang, glatt, weich	rund, hart, rau, schwer	weich, rau, leicht, klein
☐ Apfel	☐ Apfel	☐ Apfel	☐ Apfel
☐ Banane	☐ Banane	☐ Banane	☐ Banane
☐ Kiwi	☐ Kiwi	☐ Kiwi	☐ Kiwi
☐ Orange	☐ Orange	☐ Orange	☐ Orange

2. Welche Adjektive passen zu den Früchten? Kreuze an.

	Apfel	Banane	Kiwi	Orange	Zitrone	Kirsche
gelb						
orange						
rot						
braun						
süß						
sauer						
saftig						
gesund						

3. Trage Adjektive von Aufgabe 1 und 2 ein.

sehen	rund, ______________
schmecken	bitter, ______________
fühlen	rund, ______________

☆ Schreibe zu den Früchten Sätze in dein Heft:

Der Apfel ist rot, groß, rund, glatt, schwer, saftig und gesund.

Wenn ich mehrere Adjektive aufschreibe, setze ich dazwischen ein Komma.

Knicke zuerst den Lösungsstreifen um.

Aufgabe 1
Apfel
Banane
Orange
Kiwi

Aufgabe 2/☆
Die **Banane** ist gelb, süß, lang, glatt, weich und gesund.

Die **Kiwi** ist braun, süß, rau, leicht, klein und gesund.

Die **Orange** ist rund, orange, süß, saftig, rau, weich und gesund.

Die **Zitrone** ist …

Die **Kirsche** ist …

Aufgabe 3
sehen:
lang, klein, gelb, rot, grün

schmecken:
sauer, süß, saftig

fühlen:
weich, lang, glatt, rau, hart, schwer

Name: ______________________________ Datum: ______________

Verwandte Nomen, Verben und Adjektive

1. Ergänze.

besetzt	Adjektiv	Wörter mit dem gleichen Wortstamm gehören zu einer **Wortfamilie**. Wenn ich ein Wort weiß, kann ich drei Wörter richtig schreiben: Eins für drei!
setzen	____________	
das Gesetz	____________	
erhitzen	____________	Manche Wortstämme unterscheiden sich leicht. Doch an der ähnlichen Bedeutung erkenne ich die Familie.
die Hitze	____________	
heiß	____________	

2. Ergänze die Tabelle. Unterstreiche den Wortstamm.

Nomen *schwarz*	**Verb** *rot*	**Adjektiv** *blau*
die Größe	vergrößern	groß
		ruhig
	erkranken	
		hungrig
	verdursten	
die Liebe		
		freudig
die Süßigkeit		
	verschönern	
		schreiend
	verlängern	

Welche zwei Wörter gehören nicht zur Wortfamilie? Streiche sie durch. Unterstreiche wie bei Aufgabe 2.

helfen ☺ Hilfe ☺ geholfen ☺ aushelfen ☺ hilflos ☺ Helfer hilfsbereit ☺ zusammenhelfen ☺ Hilfskraft ☺ behilflich Starthilfe ☺ Gehilfe ☺ abhelfen ☺ hell ☺ Hilfeschrei hilfsbedürftig ☺ Held ☺ weiterhelfen

Knicke zuerst den Lösungsstreifen um.

Adjektiv

dunkelblau

Aufgabe 1
Verb
Nomen
Verb
Nomen
Adjektiv

Aufgabe 2
die Ruhe
ruhen

die Krankheit
krank

der Hunger
hungern

der Durst
durstig

lieben ☺ lieb

die Freude
freuen

süßen ☺ süß

die Schönheit
schön

der Schrei
schreien

die Länge
lang

~~hell~~
~~Held~~

Name: ______________________ Datum: ____________

Das weiß ich über Adjektive

1. Unterstreiche Nomen *schwarz*, Verben *rot*, Adjektive *blau*.

HEUTE IST ES WARM. FRÖHLICH RENNT BALDUIN ZUM NAHEN SPIELPLATZ. DORT TRIFFT ER SEINEN NEUEN FREUND. VORSICHTIG KLETTERN SIE AUF DEN HOHEN FELSEN.

2. Schreibe die passende Nummer dazu.

1	Adjektive geben an, wie Menschen sein können.	__ Wo ist meine neue Jacke?
2	Adjektive geben an, wie Tiere sein können.	**1** Balduin ist freundlich.
3	Adjektive geben an, wie Pflanzen sein können.	__ Der schwarze Vogel zwitschert.
4	Adjektive geben an, wie Dinge sein können.	__ Es regnet stark.
5	Adjektive geben an, wie etwas geschehen kann.	__ Der Baum ist schon alt.

3. Setze die Adjektive in der richtigen Form ein.

weiß | lang | scharf | bunt

Der Eisbär hat ein ____________ Fell. Die Giraffe hat einen ____________ Hals. Das Krokodil hat ____________ Zähne. Der Papagei hat ____________ Federn.

4. Schreibe das Gegenteil auf.

leise	langsam	lieb	glatt	reich	hart
______	______	______	______	______	______

5. So erkenne ich ein Adjektiv. Ergänze.

Kann ich mit dem Wort auf die Frage ____________ ...? antworten?

Kann ich das Wort zwischen ____________________ setzen?

Knicke zuerst den Lösungsstreifen um.

Aufgabe 1

schwarz
BALDUIN
SPIELPLATZ
FREUND
FELSEN

rot
IST
RENNT
TRIFFT
KLETTERN

blau
WARM
FRÖHLICH
NAHEN
NEUEN
VORSICHTIG
HOHEN

Aufgabe 2
4
1
2
5
3

Aufgabe 3
weißes
langen
scharfe
bunte

Aufgabe 4
laut ☺ schnell
böse ☺ rau
arm ☺ weich

Aufgabe 5
Wie ist
Artikel und Nomen

Name: ______________________________ Datum: ______________

Das weiß ich über Wortarten

Achtung! Fehler!

Mitten in der nacht hört balduin ein lautes geräusch. Leise läuft er zum fenster und sieht, wie ein mann in eine wohnung klettert. Sein vater ruft schnell den notruf an. Zwei polizisten kommen sofort und befragen den jungen mann. Er sagt: „Ich wohne hier. Ich finde meinen schlüssel nicht."

1. Suche im Text ein Nomen und beweise, dass es ein Nomen ist.

mein Wort	bestimmter Artikel	Mehrzahl

Wie viele Nomen sind im Text? ________
Welche Wörter musst du großschreiben?
Streiche die kleinen Anfangsbuchstaben durch. Beispiel: ~~b~~alduin

2. Suche im Text ein Verb und beweise, dass es ein Verb ist.

mein Wort	Grundform

Wie viele Verben sind im Text? ________

3. Suche im Text ein Adjektiv und beweise, dass es ein Adjektiv ist.

mein Wort	mein Wort zwischen Artikel und Nomen

Wie viele Adjektive sind im Text? ________

4. Ergänze.

Wörter mit dem gleichen Wortstamm gehören zu einer

______________________________.

5. Welche drei Wörter passen nicht dazu? Streiche sie durch.

lang ☺ länger ☺ langsam ☺ lachen ☺ die Langeweile ☺ langweilig
jahrelang ☺ auslachen ☺ die Länge ☺ verlängern ☺ lächeln
hinlangen ☺ verlangen

Knicke zuerst den Lösungsstreifen um.

Aufgabe 1
Beispiel
Wohnung
die
Wohnungen

11

nacht ☺ balduin
geräusch ☺ fenster
mann ☺ wohnung
vater ☺ notruf
polizisten ☺ mann
schlüssel

Aufgabe 2
Beispiel
klettert
klettern

10

hört ☺ läuft
sieht ☺ klettert
ruft an ☺ kommen
befragen ☺ sagt
wohne ☺ finde

Aufgabe 3
Beispiel
jungen
der junge Mann

4

lautes ☺ leise
schnell ☺ jungen

Aufgabe 4
Wortfamilie

Aufgabe 5
~~lachen~~
~~auslachen~~
~~lächeln~~

Name: ______________________ Datum: ____________

Welcher Satz passt zum Schild?

1. Schreibe zu jedem Satz die passende Nummer.

1 

2 

3 

4 

[ ] Hier geht es zum Ausgang.

[1] Hier hält ein Bus.

[ ] Auf den Spielplatz dürfen keine Hunde.

[ ] Hier kannst du deinen Müll einwerfen.

[ ] Radfahrer sollen auf dem Radweg fahren.

[ ] Eis essen ist hier verboten.

[ ] Fußgänger sollen die Straße auf dem Zebrastreifen überqueren.

[ ] Hier dürfen nur Mädchen und Damen hingehen.

5 

6 

7 

8 

2. Ergänze.

Schilder geben Hinweise. Mit einem Satz kann ich ihre Bedeutung genau erklären. Das ____________ Wort im Satz schreibe ich mit einem großen Anfangsbuchstaben. Am Satzende mache ich einen ____________.

3. Male bei Aufgabe 1 die großen Buchstaben am Satzanfang *gelb* an und den Punkt am Satzende *rot*.

Male ein anderes Schild auf die Rückseite und erkläre seine Bedeutung mit einem Satz.

Knicke zuerst den Lösungsstreifen um.

Aufgabe 1
7
1
4
5
8
2
6
3

Aufgabe 2
erste
Punkt

Name: ______________________ Datum: ______________

Sätze zu Bildern

1. Welcher Satz passt genau zum Bild? Kreuze an.

	a) ☐ Der Affe liegt unter dem Ast. b) ☐ Der Affe sitzt neben dem Baum. c) ☐ Der Affe sitzt auf dem Ast. d) ☐ Der Affe sitzt auf der Ampel.
	a) ☐ Das Zebra steht hinter dem Baum. b) ☐ Das Zebra steht neben dem Baum. c) ☐ Das Zebra sitzt vor dem Baum. d) ☐ Das Zebra steht vor dem Baum.
	a) ☐ Der Vogel fliegt über den Zaun. b) ☐ Der Vogel fliegt über den Turm. c) ☐ Der Vogel fliegt über die Brücke. d) ☐ Der Vogel fliegt über den Baum.
	a) ☐ Der Bär sitzt zwischen zwei Bäumen. b) ☐ Der Bär sitzt zwischen zwei Sträuchern. c) ☐ Der Bär sitzt zwischen zwei Steinen. d) ☐ Der Bär liegt zwischen zwei Steinen.

2. Unterstreiche das Wort *dem* bei Aufgabe 1 *blau.*

3. Ergänze.

Zu einem Bild kann ich einen ______________ aufschreiben.
Das erste Wort schreibe ich mit einem ______________
Anfangsbuchstaben. Am ______________ mache ich einen
Punkt.

4. Setze die Punkte und die großen Anfangsbuchstaben am Satzanfang ein.

Ein Affe hat ein braunes oder schwarzes Fell. __r kann wie der Mensch auf zwei Beinen gehen __r wohnt auf Bäumen und kann deshalb auch gut klettern __r frisst Pflanzen, aber auch Fleisch __r ist nicht gern allein, sondern lebt in einer Gruppe

Schreibe den Text in dein Heft.

Knicke zuerst den Lösungsstreifen um.

Aufgabe 1
c
d
d
c

Aufgabe 2
Der Affe ...
unter dem Ast
neben dem Baum
auf dem Ast

Das Zebra ...
hinter dem Baum
neben dem Baum
vor dem Baum
vor dem Baum

Aufgabe 3
Satz
großen
Satzende

Aufgabe 4
Ein . . . Fell.
Er . . . gehen.
Er . . . klettern.
Er . . . Fleisch.
Er . . . Gruppe.

Name: ______________________ Datum: ______________

Mit Sätzen eine Geschichte erzählen

Fidi

Florina hat einen Hund, den kleinen Dackel Fidi Vor zwei Jahren haben Florina und Papa ihn aus dem Tierheim geholt Einmal lief Fidi auf einem Spaziergang davon Florina hängte Suchplakate aus, mit Namen, Bild und Telefonnummer Nach drei Tagen fand ein Wanderer den mageren Fidi auf einem Waldweg

1. Lies die Geschichte ohne Punkte.
   Zeichne die Punkte zuerst mit Bleistift ein. Fahre sie nach der Kontrolle *rot* nach. Lies und beachte die Punkte.

2. Male die großen Anfangsbuchstaben am Satzanfang *gelb* an.

3. Lass die Sätze wachsen und schreibe dazu, was fehlt.

   Florina
   Florina hat
   Florina hat einen Hund, ______________________

   Einmal
   Einmal lief
   Einmal lief Fidi ______________________

4. Schreibe diesen Satz richtig auf.

   Nach drei Tagen auf einem Waldweg den mageren Fidi ein Wanderer fand.

   ____

   ____

5. Ergänze.

   Eine Geschichte besteht aus ______________.
   In jedem Satz schreibe ich die Wörter in der richtigen Reihenfolge auf.

   Schreibe die Wörter des Satzes von Aufgabe 4 in einer anderen Reihenfolge auf die Rückseite.

Knicke zuerst den Lösungsstreifen um.

Aufgabe 1
Dackel Fidi.
geholt.
davon.
Telefonnummer.
Waldweg.

Aufgabe 2
Florina
Vor
Einmal
Florina
Nach

Aufgabe 3
... den kleinen Dackel Fidi.
... auf einem Spaziergang davon.

Aufgabe 5
Sätzen

Beispiele:

Ein Wanderer fand nach drei Tagen auf einem Waldweg den mageren Fidi.

Auf einem Waldweg fand nach drei Tagen ein Wanderer den mageren Fidi.

Name: ______________________________ Datum: ______________

Aussagesätze (1)

1. Welche Aussagen können stimmen? Kreuze an.

- ☐ a) Vor Unterrichtsbeginn sitzen wir alle unter dem Tisch
- ☐ b) Wir sind in der Klasse immer möglichst laut
- ☐ c) Oft lassen wir Papierflieger durchs Zimmer fliegen
- ☐ d) Wir schaukeln mit unseren Stühlen
- ☐ e) Wir helfen anderen Kindern
- ☐ f) Nach zehn Minuten hören wir mit jeder Arbeit auf
- ☐ g) Vor jeder Pause stellen wir die Stühle hoch
- ☐ h) Den Wasserhahn drehen wir immer richtig zu
- ☐ i) Vor Unterrichtsende räumen wir das Klassenzimmer auf

2. Ergänze die Punkte mit einem *roten* Stift und male die Satzanfänge *gelb* an.

Mit einem **Aussagesatz** kann ich etwas feststellen. Am Ende eines Aussagesatzes setze ich immer einen ________________.

Die **Satzmelodie** ist wie ein Flug mit dem Flugzeug:

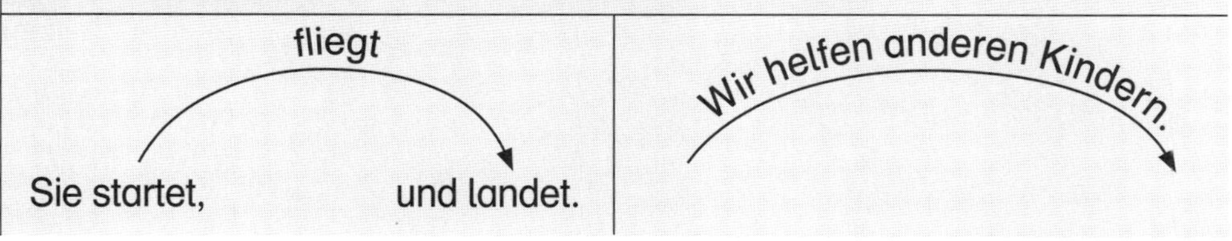

3. Lies jeden Satz bei Aufgabe 1 laut und male dabei die Satzmelodie in die Luft.

4. Was wohl die Lehrerin zu diesem Chaos sagt?
Sprich und betone das unterstrichene Wort.

<u>Ich</u> freu mich über euch.
Ich <u>freu</u> mich über euch.
Ich freu mich über <u>euch</u>.

<u>Jetzt</u> ist es aber genug.
Jetzt ist es <u>aber</u> genug.
Jetzt ist es aber <u>genug</u>.

5. Trenne die Wörter mit einem | und schreibe den Satz richtig auf.

W I R H E L F E N A N D E R E N K I N D E R N.

____

☆ Schreibe die Klassenordnung richtig in dein Heft.

Knicke zuerst den Lösungsstreifen um.

Aufgabe 1
e), h), i)

Aufgabe 5
W I R |
H E L F E N |
A N D E R E N |
K I N D E R N.

☆
- a) … sitzen wir auf unserem Platz.
- b) … leise.
- c) Selten …
- d) Wir schaukeln nicht ...
- f) Wir beenden jede Arbeit.
- g) Vor Unterrichtsende …

Name: ____________________ Datum: __________

Aussagesätze (2)

AM ABEND ÜBERPRÜFT FLORINA IHRE SCHULTASCHE
HIER IST DAS LESEBUCH , DAS RECHENBUCH UND DAS
WÖRTERBUCH DAS RECHENHEFT , DAS SCHREIBHEFT ,
DAS GESCHICHTENHEFT UND DAS MÄPPCHEN MUSS
SIE NOCH DAZULEGEN NICHT VERGESSEN DARF SIE IHRE
TASCHENTÜCHER

1. Trage die Punkte mit einem *roten* Stift ein und male die Satzanfänge *gelb* an.

2. Male die Kommas im Text *orange* an. Unterstreiche das Wort und.

3. Ergänze.

	Wenn ich mehrere Dinge aufzähle, trenne ich die Wörter mit einem ____________ ab. Vor das letzte Wort schreibe ich ohne Komma ____________. ***,***

4. Schreibe den Text oben richtig in dein Heft.

5. Trage die Punkte *rot* und die Kommas *orange* ein.

Balduin mag gerne Sport Mathematik und Deutsch
Am liebsten mögen Balduin Konrad Max und Ole Sport
Im Sport können sie rufen schreien und johlen
Florinas liebste Fächer sind Werken Sport und Deutsch
Felix liebt Musik Mathematik und Werken
Helene malt rechnet und singt gerne
Emma bastelt gerne kleine nützliche und schöne Dinge
Anna schreibt gerne lange spannende und lustige Geschichten

☆	Schreibe Sätze wie bei Aufgabe 5 auf, die für dich passen. Schreibe auf der Rückseite weiter. Ich ____________________ ____________________ ____________________

Knicke zuerst den Lösungsstreifen um.

Aufgabe 1 bis 4
Am ... Schultasche.
Hier ... das Lesebuch,
das Rechenbuch und
das Wörterbuch.
Das Rechenheft,
das Schreibheft,
das Geschichtenheft
und ... dazulegen.
Nicht ...
Taschentücher.

Aufgabe 3
Komma
und

Aufgabe 5
Balduin ... Sport, ...
Deutsch.
Am liebsten ...
Balduin,
Konrad, ... Sport.
Im Sport ... rufen, ...
johlen.
Florinas ...
Werken, ... Deutsch.
Felix ... Musik, ...
Werken.
Helene malt, ... gerne.
Emma ... kleine, ...
Dinge.
Anna ... lange, ...
Geschichten.

Name: ______________________ Datum: __________

Knicke zuerst den Lösungsstreifen um.

Aussagesätze mit Zahlwörtern und Aufzählung

1. Unterstreiche die Adjektive *blau*. Male die Zahlwörter *blau* an.

Frau Sommer kauft rote Äpfel, saftige Birnen, feste Bananen und frische Brötchen.	Frau Sommer kauft fünf Äpfel, drei Birnen, vier Bananen und sieben Brötchen.
Wie sind die ... ? → **Adjektive**	**Wie viele** sind es ... ? → **Zahlwörter**

2. Ergänze.

Im Satz schreibe ich die Zahlen bis zwölf als ______________. Bei einer Aufzählung setze ich zwischen den Nomen ein ______________.

3. Schreibe Florinas Einkaufszettel als Satz.
Male die Kommas *orange* an und den Punkt *rot*.

4 Tüten Milch	Florina kauft ______________
7 Becher Joghurt	______________
6 Becher Quark	______________
10 Tomaten	______________
11 Vollkorn-brötchen	______________

Trage die Kommas ein.
Welche Zahlen musst du als Zahlwort schreiben?
Unterstreiche sie und schreibe den Satz richtig in dein Heft.

Auf dem Bauernhof sind 13 Kühe 4 Kälber 12 Pferde 3 Fohlen 11 Schweine 9 Ferkel 6 Hunde 15 Katzen und viele Mäuse.

,

Aufgabe 1
rote
saftige
feste
frische

fünf
drei
vier
sieben

Aufgabe 2
Zahlwort
Komma

Aufgabe 3
... vier Tüten Milch, sieben Becher Joghurt, sechs Becher Quark, zehn Tomaten und elf Vollkorn-brötchen.

☆
...13 Kühe, vier Kälber, zwölf Pferde, drei Fohlen, elf Schweine, neun Ferkel, sechs Hunde, 15 Katzen ...

Name: ______________________ Datum: __________

Aussagesätze und Fragesätze (1)

Ein neues Kind kommt in Florinas und Balduins Klasse.

1. Rahme die Sprechblasen ein: **Aussagesatz** *rot*, **Fragesatz** *blau*

2. Ergänze.

Wenn ich etwas wissen will, frage ich mit einem ______________. Viele Fragesätze beginnen mit einem **Fragewort**: Wer ...? Wie ... ? Was ...? Weil sie alle mit **w** beginnen, heißen solche Fragen auch W-Fragen.

Am ______________ eines Fragesatzes setze ich immer ein **Fragezeichen**.

Die Satzmelodie kann ich mit diesem Klangbogen zeigen:

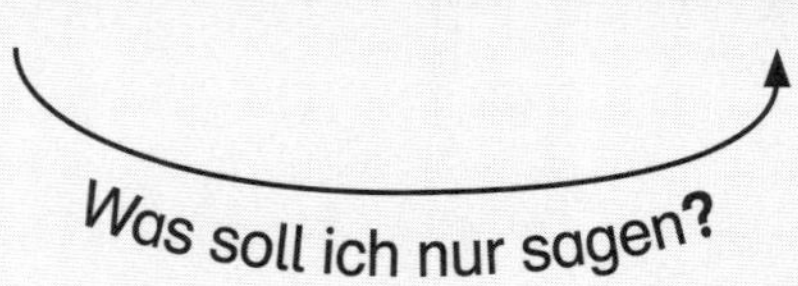

3. Unterstreiche die Fragewörter in den Sprechblasen *blau*.

4. Lies jeden Satz laut und male dabei den passenden Klangbogen in die Luft.

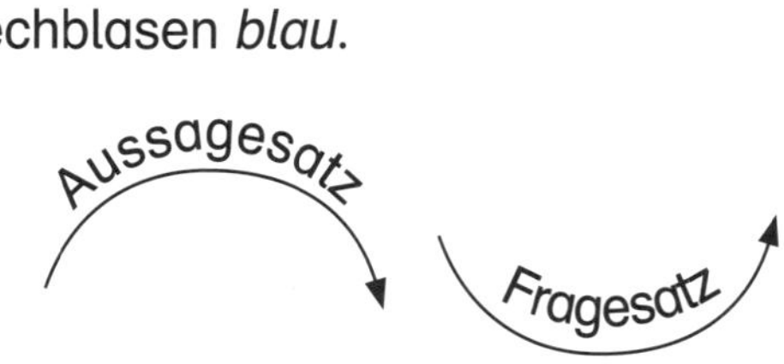

Was würdest du denken oder sagen, wenn du neu in eine Klasse kommst? Schreibe auf die Rückseite. Unterstreiche deinen Satz mit der passenden Farbe.

Knicke zuerst den Lösungsstreifen um.

?

Aufgabe 1

rot
b), c)

blau
a), d), e), f)

Aufgabe 2
Fragesatz
Ende

Aufgabe 3
a) Was
d) Wie
e) Warum
f) Wer

Silvia Regelein: Sprache untersuchen – so klappt's! · 1./2. Klasse · Best.-Nr. 1006 · © Brigg Pädagogik Verlag GmbH, Augsburg

Name: ______________________ Datum: __________

Fragesätze mit Fragewörtern

1. a) Balduin fragt einen neuen Schüler. Setze das passende Fragewort mit einem großen Anfangsbuchstaben ein.
Lies die Sätze laut ohne Fragezeichen.

b) Ergänze das **?**. Lies die Sätze laut und beachte das **?**, sodass man das Fragen deutlich hört. Male dabei den Klangbogen in die Luft.

woher	wann	wer	was	wo	wen	warum	womit	welche	wie

______ heißt du

______ kommst du

______ wohnst du

______ kennst du schon

______ ist dein Hobby

______ seid ihr umgezogen

______ hast du Geburtstag

______ Sprache sprichst du

______ soll dein Nachbar sein

______ spielst du gerne

2. Auch Max, der neue Schüler, hat viele Fragen.
Schreibe das passende Fragewort davor und ergänze das **?**.

______ ist die Toilette

______ lange ist heute Schule

______ ist euer Fußballstar

______ haben wir Sport

______ oft haben wir Pause

______ ist der Hausmeister

______ Mathematikbuch habt ihr

______ soll ich morgen mitbringen

______ brauche ich ein Handtuch

☆ Was würdest du Max noch fragen? Was könnte Max noch fragen? Schreibe in dein Heft.

Knicke zuerst den Lösungsstreifen um.

?

Aufgabe 1

Wie
Woher
Wo
Wen
Was

Warum
Wann
Welche
Wer
Womit

Aufgabe 2
Wo
Wie
Wer
Wann
Wie
Wo/Wer
Welches
Was
Warum

Name: ______________________ Datum: ____________

Fragesätze mit einem Verb am Anfang

1. Balduin hat noch mehr Fragen an den neuen Schüler Max.

Gefällt dir unsere Schule Findest du unsere Lehrerin nett Kommst du mit deinem Nachbarn klar

Ergänze das **?** und unterstreiche die Verben *rot*.
Male den großen Buchstaben am Satzfang *gelb* an.

2. Ergänze.

Bei einem Fragesatz ohne Fragewort steht das

____________________ am Satzanfang.

3. Setze das passende Verb ein und ergänze das **?**.

haben	essen	lesen	können	hören	kommen	kennen	spielen

__________ du auch Fußball

__________ du ein Haustier

__________ du am Nachmittag zu mir

__________ du schwimmen

__________ du auch so gern Pizza

__________ du dich mit dem Computer aus

__________ du gerne Bücher

__________ du gern Musik

☆ Streiche den kleinen Buchstaben am Satzanfang durch und ergänze das **?**. Schreibe die Fragesätze in dein Heft.

Achtung! Fehler!

geht Max in den Hort welchen Beruf haben die Eltern von Max hat Max Geschwister in welcher Schule war Max vorher wie viele Kinder waren in seiner alten Klasse muss Max mit dem Bus in die Schule fahren wie lange braucht Max für den Schulweg

Knicke zuerst den Lösungsstreifen um.

?

Aufgabe 1

Gefällt dir unsere Schule**?**
Findest du unsere Lehrerin nett**?**
Kommst du mit deinem Nachbarn klar**?**

Aufgabe 2

Verb

Aufgabe 3

Spielst ...**?**
Hast ...**?**
Kommst ...**?**
Kannst ...**?**
Isst ...**?**
Kennst ...**?**
Liest ...**?**
Hörst ...**?**

☆

Geht ... Hort**?**

Welchen ... Max**?**

Hat ... Geschwister**?**

In welcher ... vorher**?**

Wie viele ... Klasse**?**

Muss ... fahren**?**

Wie lange ... Schulweg**?**

Name: ______________________ Datum: ____________

Aussagesätze und Fragesätze (2)

So kannst du aus einem Fragesatz einen Aussagesatz machen:

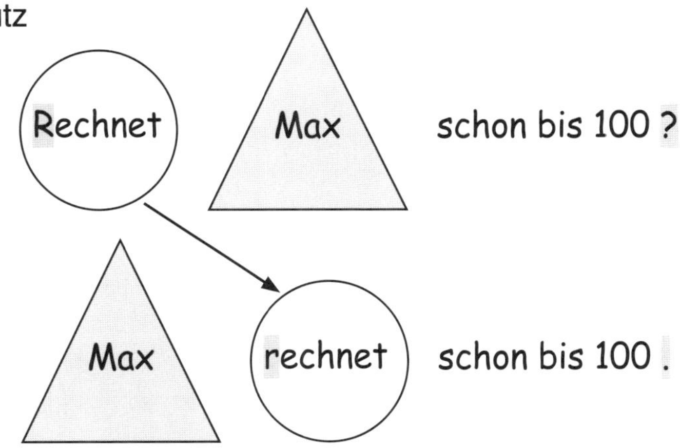

1. Stelle das Verb um und schreibe einen Aussagesatz auf.

   Spielt Max Fußball?

   ____

   Spricht Max auch Englisch?

   ____

   Fährt Max mit dem Rad zur Schule?

   ____

   Hat Max einen weiten Schulweg?

   ____

2. Stelle das Verb um und schreibe einen Fragesatz auf.

   Das ist Florinas Platz.

   ____

   Max findet den Weg zur Sporthalle.

   ____

   Max hat einen Hund.

   ____

   Max singt gern.

   ____

3. Unterstreiche bei Aufgabe 2 und 3 die Verben *rot*.

☆ Max beantwortet die Fragen bei Aufgabe 1 mit nein. Schreibe dazu die passenden Aussagesätze in dein Heft.

Knicke zuerst den Lösungsstreifen um.

?

Aufgabe 1
Max spielt Fußball.
Max spricht auch Englisch.
Max fährt mit dem Rad zur Schule.
Max hat einen weiten Schulweg.

Aufgabe 2
Ist das Florinas Platz**?**
Findet Max den Weg zur Sporthalle**?**
Hat Max einen Hund**?**
Singt Max gern**?**

☆
Max spielt nicht Fußball.
Max spricht nicht Englisch.
Max fährt nicht mit dem Rad zur Schule.
Max hat keinen weiten Schulweg.

Name: ______________________ Datum: ____________

Knicke zuerst den Lösungsstreifen um.

Ausrufesätze

1. Mit welchen Ausrufen könnte Florinas Klasse den neuen Schüler Max willkommen heißen? Rahme *grün* ein.

a) Platz da!

b) Hier stinkt's!

c) Super, ein neues Kind bei uns!

d) Spitze, Max kommt zu uns!

e) O je!

f) So ein Pech!

g) Herzlich willkommen, Max!

h) Wie schön, dass du bei uns bist!

i) O, wie lecker!

j) Hallo, Max!

Mit einem Ausrufesatz drücke ich Freude, Wut, Schreck oder Angst aus. Am Ende eines **Ausrufesatzes** setze ich ein **Ausrufezeichen**.

2. Schreibe das erste Wort und das Ausrufezeichen dazu. Bei welchen Ausrufesätzen freut sich der Sprecher? Male ein ☺ dazu.

Danke,	So ein Glück,	Hurra,	So ein Mist,	Schade,	Aua,	Verflixt,

Danke, dass du mit mir spielst! ☺

______________ mein Knie tut weh

______________ dass du jetzt keine Zeit hast

______________ ich hab gewonnen

______________ ich hab mein Heft vergessen

______________ mein Glas ist heruntergefallen

______________ ich hab ein gutes Zeugnis

Setze vor jeden Ausrufesatz von Aufgabe 2 andere Wörter und schreibe die Sätze in dein Heft.
Beispiel: Toll, dass du mit mir spielst!

!

Aufgabe 1

c), d), g), h), j)

Aufgabe 2
Aua,
Schade,
So ein Glück,
So ein Mist,
Verflixt,
Hurra,

Name: ______________________ Datum: __________

Sich ohne Worte verstehen

Diese Handzeichen verstehen Kinder auf der ganzen Welt.

1. Mach jedes Zeichen nach und überlege, was es bedeutet.

Schreibe deine Meinung darunter.

1

2

3

____

4

5

6

____

7

8

9

____

2. Welche Sätze passen zu welchem Bild? Schreibe die Nummer dazu. Male die Ausrufezeichen *grün* an.

a) ___ Keine Ahnung! Ich weiß nicht.	b) ___ Bitte Ruhe! Seid bitte leise!	c) ___ Super ist das!	d) ___ Du spinnst wohl!	e) ___ Sprich bitte lauter! Wie bitte?
f) ___ Bitte komm her!	g) ___ Mach das nicht noch einmal! Ich warne dich!		h) 1 Hallo!	i) ___ Puh, hier stinkt es!

Knicke zuerst den Lösungsstreifen um.

!

Aufgabe 2
8 a)
9 b)
5 c)
7 d)
6 e)
3 f)
4 g)
1 h)
2 i)

Name: ______________________________ Datum: ____________

Nein! Bitten und nachdrückliche Aufforderungen

Der Froschkönig

Beim Spielen fiel der schönen Königstochter ihre goldene Kugel in einen tiefen Brunnen. Ein Frosch wollte ihr die Kugel wieder holen. Dafür musste sie ihm versprechen, seine Freundin zu werden. Sie versprach alles, um ihre goldene Kugel wiederzubekommen. Als sie ihre Kugel wiederhatte, lief sie fort und dachte nicht mehr an ihr Versprechen. Doch der Frosch kam zu ihr.

1) Lass mich mit dir am Tisch sitzen

2) So eine Frechheit, geh weg

3) Lass mich von deinem Teller essen

4) Nein, weg mit dir, du blöder Frosch

5) Lass mich von deinem Becher trinken

6) Nein und noch mal nein! Hör endlich auf

7) Lass mich in deinem Bett schlafen

8) Du bist ja total durchgeknallt

9) Gib mir einen Kuss

10) Nein, hau ab, du Ekel

Nun hatte die Prinzessin eine so große Wut, dass sie den Frosch voller Zorn an die Wand klatschte.

1. Worum bittet der Frosch? Rahme diese Sprechblasen *grün* ein.
2. Die Prinzessin wehrt sich mit aller Kraft gegen den Frosch. Male ihre Sprechblasen leicht *grün* an.
3. Trage die fehlenden Ausrufezeichen *grün* ein.

☆ Was hättest du als Prinzessin gesagt? Schreibe auf die Rückseite.

Knicke zuerst den Lösungsstreifen um.

!

Aufgabe 1
1
3
5
7
9

Aufgabe 2
2
4
6
8
10

Name: ______________________ Datum: ____________

Das weiß ich über Sätze

1. Schreibe diese Sätze richtig auf.

auf bleibe dem der ich In Pause Schulhof.

____

Balduin versteckt? sich hat Wo

____

2. Trage das erste Wort im Satz richtig ein.

Fußball	das	es	ich	den

_______ halte den Schulhof sauber. _______ Abfall werfe ich in den Abfallbehälter. _______ Klettern ist nur am Klettergerüst erlaubt. _______ ist verboten, mit Steinen, Sand oder Stöckchen zu werfen. _______ spielen darf man nur auf der Wiese.

3. Ergänze.

Wenn ich eine Auskunft haben will, verwende ich einen ___________satz.

Wenn ich mich freue oder wütend bin, verwende ich einen ___________satz.

Wenn ich etwas mitteilen will, verwende ich einen ___________ satz.

4. Setze das richtige Satzzeichen ein.

Wie lange dauert es noch bis zur Pause Stopp, auf der Treppe langsam gehen Mama hat mir ein Brot und einen Apfel für die Pause eingepackt Mm, ist das Pausenbrot heute lecker Möchtest du einen halben Apfel Ich gebe dir gern etwas ab

5. Wie findest du einen Freund? Kreuze passende Sätze an.

- ☐ a) Niemand spielt mit mir.
- ☐ b) Sehen mich die nicht?
- ☐ c) Darf ich bitte mitspielen?
- ☐ d) Ich bin auch da!
- ☐ e) Lasst mich doch endlich mitspielen.
- ☐ f) Ich würde so gerne mit euch spielen.
- ☐ g) Ich bin sauer, weil ihr mich nicht mitspielen lasst.

Knicke zuerst den Lösungsstreifen um.

Aufgabe 1
In der Pause bleibe ich auf dem Schulhof.
Wo hat sich Balduin versteckt?

Aufgabe 2
Ich
Den
Das
Es
Fußball

Aufgabe 3
Fragesatz
Ausrufesatz
Aussagesatz

Aufgabe 4
... Pause**?**
... gehen**!**
... eingepackt**.**
... lecker**!**
... Apfel**?**
... ab**.**

Aufgabe 5
c), f)

Name: ________________________________ Datum: ______________

Ich bin fit für die 3. Klasse

1. Streiche falsche Wörter durch.

a) Welche Wörter sind **Nomen**?	b) Welche Wörter sind **Artikel**?	c) Welche Wörter sind **Verben**?	d) Welche Wörter sind **Adjektive**?
sagen schön Säge See Seife	das dort eine klein die	sagen schön sägen See sehen	sagen schlecht schön Schönheit sonnig

2. Unterstreiche die richtige Schreibweise in der Mehrzahl.

die Haut – die Heute die Haute die Häute die Hoite

der Fuß – die Füse die Füsse die Fuße die Füße

3. Ergänze die richtige Form des Verbs. Beispiel: *gehen – du gehst*

laufen – er ______________ zählen – du ______________

tragen – er ______________ nehmen – du ______________

4. Zerlege jedes Wort in seine Silben und schreibe sie auf.
Beispiel: Telefon Te – le – fon

Apfel freundlich Waschmaschine

__________ ______________ ____________________

5. Setze ein: im ihm in oder ihn

______ Balduins Zimmer brennt noch Licht. Er liest ______ Bett ein spannendes Buch. Das Buch gefällt ______. Mutter bittet ______, ______ zehn Minuten aufzuhören.

6. Ergänze den ersten Buchstaben und die Satzzeichen.
Verbinde mit der richtigen Satzart.

__chnell, gehen wir zu den Löwen	Fragesatz
__ann werden die Löwen gefüttert	Aussagesatz
__ie Fütterung ist um 16 Uhr	Aufforderungssatz

Knicke zuerst den Lösungsstreifen um.

Aufgabe 1
übrig bleiben
a) Säge ☺ See Seife
b) das ☺ eine die
c) sagen ☺ sägen sehen
d) schlecht ☺ schön sonnig

Aufgabe 2
die Häute
die Füße

Aufgabe 3
er läuft
er trägt
du zählst
du nimmst

Aufgabe 4
Ap – fel
freund – lich
Wasch – ma – schi – ne

Aufgabe 5
In ☺ im ☺ ihm ☺ ihn ☺ in

Aufgabe 6

Schnell ...**!**
Aufforderungssatz

Wann ...**?**
Fragesatz

Die ....
Aussagesatz